KB162642

성수동 지식산업센터로
단 1년만에 월세 600만원 받기

성수동
지식산업센터로
단 1년만에
월세 600만원 받기

터푸가이 윤대표 지음

청춘미디어

○●○
추천사

1. 이경희 전무(BBDO KOREA)

윤영현 대표를 오랫동안 친동생처럼 봐왔다. 대학원에 다닐 때부터 뭔가 끊임없이 노력하고 도전하는 모습이 늘 내게는 자극이 됐다. 부동산에서 오랜 기간 쌓은 본인의 노하우를 아낌없이 공유하는 모습이 참 대견하다. 부동산 프롭테크를 기반으로 한 사회적 기업 도전 또한 정말 기대가 크며, 그의 도전을 진심으로 응원한다.

2. 도정국 대표 (뉴튼스포스 코리아 N4L Korea CEO & Founder, 한국전기자동차 기술인협회 부회장)

요즘 넷플릭스를 통해 삼국지를 보면서 영웅들의 기개 중에 세상이 알아주는 '사람 중에는 여포, 말 중에는 적토마'라는 말이 귀에 와 닿는다. 나는 지식산업센터 책 3권을 집필하고 인터넷 커뮤니티 카페를 운영하면서 인생은 카피다! 라고 외쳤다. 그리고 즉결즉행!!을 외쳤다. 단 6개월 만에 즉결즉행 정신으로 지식산업센터계를 통일한 최고의 명장을 찾았다. 아투연 1타 강사 5초 마감 터푸가이님! 고전 삼국지를 빌려 이 말을 전하고 싶다. 사람 중에는 여포, 말 중에는 적토마, 지식산업센터에는 터푸가이님.

3. 장영광 대표 (아투연법인 대표, 출판사 청춘미디어 대표)

터푸가이님의 최대 수혜자는 다름 아닌 이책을 편집하고 있는 나, 아투연 장대표이다. 성수동은 누구나 알고 있지만 아무도 못들어간다고 생각했듯이 나도 성수동은 투자에서 아예 예외로 두었다. 하지만 터푸가이님의 강의를 듣고 실제 투자 사례를 보면서, '나도 어쩌면 할 수 있지 않을까?' 하는 생각을 하게 되었고 우연히 경매물건(2019타경 2289)을 접했고 2020년 7월 문정동 동부지방 법원에서 34명의 경쟁율에서 1등으로 물건을 낙찰 받았다. 당시 터푸가이님이 평단가와 예상 낙찰가에 대한 적극적인 조언을 적어주셨고 나는 터푸가이님만 믿고 그대로 했다. 결과는 1등 낙찰. 시세보다 4천만원 낮은 가격에 받았다. 결과가 나오자 마자 다른 누구보다 터푸가이님에게 먼저 당시의 기쁨을 전달했다. 그래서 일까? 터푸가이님을 통해서 도움을 받으신분들이 공통으로 하는 이야기가 하나 있다. "터푸가이님 아니면 저는 성수에 발꿈치도 못디뎠을거에요. 감사합니다"

4. 임원재 회계사(공인회계사)

똑같은 물건을 누가 투자하느냐에 따라 투자성과가 이렇게나 달라질 수 있구나~! 이 책을 읽기 전의 당신과 읽은 후 당신의 투자 성과는 확연히 다를 것이다. 지식산업센터 수익률을 분석할 때마다 느낀 점은 성수동처럼 좋은 입지의 지식산업센터들은 항상 타 지역에 비해 수익률이 낮게 나왔다. 인기지역인 성수동의 지식산업센터는 비쌌고, 임대료 수준은 매매시세에 비해 낮았다. 성수동 물건들은 임대수익률 보다는 시세차익을 기대하는 차익형 물건일 뿐이었다. 하지만 윤영현(터푸가이) 대표님은 다르게 봤다. 철저하게 통제 가능한 변수를 분석했다. 그리고 그 변수들을 조정하기 시작했다. 각종 대출을 연구했고, 저렴하게 매입하기 위해 다양한 처세술까지 동원했다. 그렇게 성수동에서 임대수익률과 시세차익 두 마리 토끼를 다 잡을 수 있었다. 이제는 독자 여러분들의 차례다. 시장의 형성된 수익률만 얻을 것인가? 아니면 틈새를 찾아 안전하면서도 초과수익을 낼 것인가? 선택은 독자들의 몫이다.

5. 박시형 변호사(명지법률사무소 대표 변호사)

과감하면 사려 깊기 어렵고 꼼꼼하면 느리기 마련인 이치를 완전히 깨부수는 남자, 꽉 찬 실력과 알찬 경험을 갖고 있지만 배움을 청함에 주저가 없고, 자신보다 남을 더 추켜세울 줄 아는 반짝이는 겸양을 가진 남자,

아투연의 보석 터푸가이 윤이 풀어내는 깊고 다이내믹한 투자와 인생 이야기.

자칭 전문가가 판치는 시대에는 이런 책이 나와 줘야 합니다.

6. 노동훈 병원장(카네이션 병원)

부동산 규제 정책으로 유동자금이 갈 곳을 잃었습니다. 틈새시장으로 지식산업센터(아파트형 공장)가 뜨고 있습니다. 4차 산업혁명이라는 거대한 물결에, 지식산업센터 수요가 폭증합니다. 지식산업센터 투자 전문가, YH COMPANY KOREA 윤영현 대표에게 돈 버는 방법을 배우세요.

7. 배진용 교수(동신대학교 전기차제어학과 교수)

무슨 일을 잘 하고 싶다면, 반드시 그 분야에서 가장 성공한 사람과 만남이 필요하다. 바로 "대가를 만나면 길이 열린다."라고 말하고 싶다. 지식산업센터를 바탕으로 부동산에 성공하는 노하우와 경험을 담은 이번 책자는 윤영현 대표님의 진실한 경험이 녹아있는 책이라고 생각한다. 어쩌면 앞으로 지식산업센터라는 것을 운영해보고 싶은 수많은 분들에게 소중한 지름길을 인도하는 책이고 앞으로 많은 언론, TV, 신문, 유튜브 등에서 윤영현 대표님의 멋진 활약을 기대해본다.

프롤로그

도광양회[韜光養晦]

감출 도, 빛 광, 기를 양, 숨길 회

"자신을 드러내지 않고 때를 기다리며 실력을 기른다."는 의미.

한자를 그대로 풀이하면

"빛을 감추고 어둠 속에서 힘을 기른다"는 뜻.

나는 만 가지 발차기를 하는 사람을 두려워하지 않지만,
하나의 발차기를 만 번 연습한 사람은 두려워한다.

- 이소룡 -

학창 시절부터 각종 알바들(신문배달, 편의점, 주유소, 경호원, 양말 방문판매, 꽃집, 음식점, 특공무술 사범, 막노동, 건축업 보조 등)을 이것저것 많이 했었다. 군대 제대 후 아무것도 모르는 20대 초반에 사기를 당해서 창문이 없는 고시원에 들어갔었다. 나의 첫 서울 생활은 그렇게 고시원에서 시작했다. 선천적으로 기관지가 좋지 않은데, 창문이 없는 약 1평 남짓한 방에서 생활하다 보니, 기관지가 많이 망가졌었다. 지금도 그 후유증이 남아있다. 그리고 어려운 형편에서 부모님 도움 없이 결혼생활을 시작하다 보니 반전세부터 시작했었

다. 인생에서 터닝 포인트가 되는 3요소는 사람, 사건, 환경이라고 한다. 필자는 이 세 가지 중 가장 중요한 한 가지를 꼽으라면 단연코 내 재능을 알아봐주는 '사람'이라고 생각한다. 때로는 돈 버는 것보다 내 잠재력을 알아봐주는 사람을 만나면 몸에 전율이 흐른다.

한 달에도 수차례 강의를 하고 있지만, 필자가 가장 들으면 힘이 나는 응원의 메시지는 바로 '진정성이 느껴진다.'는 말을 들을 때다. 이 말을 들으면 진짜 하루 종일 기분이 좋고 지치지 않는다. AI가 대체하지 못하는 것이 무엇인지 항상 생각해 본다. 땅, 하늘, 공기, 물 등이 있지만 그 중 가장 중요한 게 사람의 마음이 전해지는 '진정성'은 AI가 대체하지 못한다. 인간만이 할 수 있다. 어디서 무엇을 하든 내 재능과 진정성을 알아봐주는 한 사람만 만나면 된다.

이 책이 나오기까지 정말 많은 사람들이 도움을 주셨다. 아투연(아파트형공장투자연구소) 스텝들, 아투연 회원들, 아투연 즉결즉행의 창시자 도정국 대표님, 여러 방면에서 다재다능한 장영광 대표님, 젠틀한 외모와 예리한 분석을 갖춘 임원재 회계사님, 위트와 실력까지 갖춘 박시형 변호사님, 전국 지식산업센터 분양 전문가이신 조환성 본부장님, 안현대 팀장님, 테슬라가 국내에 들어올 때 특허 분석을 맡으셨고 특허분석 전문가이신 동신대학교 배진용 교수님 곧 백만 유튜버가 될 노동훈 병원장님, 친누나 같은 BBDO KOREA 이경희 전무님, 심혈을 기울여 책 표지 디자인을 완성해 주신 디자인이츠 김주령 대표님, 지식산업센터 유망지역의 수익률을 극대화하는 투자전략을 아낌없이 퍼주는 지산계의 '산타

할아버지' (주)플랜피아 소진수 대표님, (주)공감엠엔씨 윤보한 대표님, 20대 때부터 아들처럼 보살펴 주신 풍경농원 임재연 이모님, 성수동에서 좋은 결과를 낼 수 있게 물심양면으로 도와주신 운명 같은 만남 성수랜드 부동산 김향숙 대표님, 국내 TOP 재무 설계사 신한금융오렌지라이프 한이락 부지점장님, 부모님, 가족들, 타지에서도 아낌없이 사랑과 응원을 보내 준 한은정 처제와 조지 동서, 마지막으로 힘든 시기 속에서도 늘 나를 잡아주고 삶의 끝자락에 있던 나를 오늘의 자리까지 올 수 있게 해준 한 없이 희생해 준 아내와 하나 밖에 없는 독생자 사랑하는 우리 아들 하율이에게 이 책을 바친다.

아플 수도 없는 40살.
나는 왜 자신 있게 회사를 그만두었을까?

직장생활 13년 동안 내 머리 속을 떠나지 않는 생각이 있었다. '자기가 좋아하는 일, 하고 싶은 일을 하면서 사는 사람은 얼마나 행복할까'라는 생각이었다. 대기업 프랜차이즈에서 상권개발, 가맹점 교육, 영업 관리, MD, 마케팅 업무를 두루 거치면서 창업에 대해 늘 고민했었다. 심도 있게 공부도 더 하고, 창업에 대한 갈증을 풀기 위해 3년 전에 주간에는 회사를 다니고 야간에는 MBA 경영전문대학원을 다니면서 많은 사람을 만나며 창업과 관련한 간접경험을 했다. 창작뮤지컬팀 창업에 대한 컨설팅을 하여 정부지원금 1억 원이라는 성과를 내기도 하였고, 필자가 직접 창업 아이템을 만들어 스타트업을 설립해 정부지원금 1천만 원 이상을 받아 창업을 시도했다.

그러나 'IOT융합 미세먼지정화기기'라는 창업아이템은 R&D 개발비용이 많이 드는 아이템으로 현재는 개발 보류 중에 있다. 창업 지도는 나름 쉬웠지만 직접 창업을 해보고 실제 회사를 운영해보니 여간 어려운 일이 아니었다. '창업은 아무나 하는 게 아니구나.'라는 것을 많이 느꼈다. 창업 후 수익 창출까지는 오랜 시간이 걸린다는 스타트업 선배님들의 말이 정말 뼈저리게 느껴졌다. 나는 가정이 있기 때문에 우선 부동산으로 안정적 자산 기반을 만든 후 다시 창업을 준비하는 것으로 노선을 바꾸었다.

내 나이 40살. 더 이상 늦기 전에 내가 좋아하고 하고 싶은 일을 해야겠다는 마음에 그 동안 일과 병행 해오던 부동산 공부에 더욱 매진하기 시작했다. 지난 수년 동안 정말 미친 듯이 공부했다. 강의 수강료만 약 1,500여만 원을 썼고, 대한민국에서 유명한 부동산 책들을 모조리 정독하면서 유명한 부동산 강의라는 강의는 다 찾아다니면서 공부했다.

나는 강의료와 책값은 절대 아깝다고 생각하지 않는다. 아무리 형편없는 강의나 책이라 해도 딱 한 가지 인사이트만 얻어가도 성공이다. 생애최초 청약으로 강남(세곡동) 아파트 당첨, 1인 법인 설립, 공동투자 진행, 경매법인 전문회사 정회원, 경공매 낙찰, 지식산업센터 투자 등 지난 수년간 하루에 3~4시간씩만 자면서 시간을 쪼개어 평일, 주말, 공휴일 할 것 없이 피땀 흘려 노력한 결과,

> 어제와 똑같이 살면서
> 다른 미래를 기대하는 것은
> 정신병 초기증세이다.
> -아인슈타인-

월세 1천만 원을 만들고 과감히 회사를 그만두기로 결심하고 퇴사했다. 결국, 매년 거의 동결되는 근로소득은 금융소득, 부동산 소득을 이길 수 없음을 40세에 들어서야 깨달았다. 이 책은 그 동안 시중에 나와 있는 지식산업센터 관련 책들과는 조금 다르다. 이론적인 부분들, 개요적인 부분들은 과감히 패스하고 실투자자분들에게 꼭 필요한 실무적인 내용을 위주로 작성하였다. 혼란스러운 부동산 시장에서 초보 투자자들이 투자 안목을 기르는 데 도움이 되고자 실무적으로 직접 겪은 부분들에 집중하여 이 책을 냈다.

- 성수동 에서

○●○

목차

터푸가이 윤대표의 투자 마인드

터푸가이 윤대표의 투자 마인드

터푸가이 윤대표

투자는 절대 조급해 하면 안 된다. 무조건 남들 하는대로 따라가면 안 된다. 이 책을 읽는 독자들에게 진심으로 조언을 드리자면 투자원금을 지키는 것도 투자라고 생각한다. 확신이 없으면 묻지마 투자를 하지 말고 최소한 전문가의 강의, 책을 수십 번은 공부하고 임장을 수십 차례는 다니면서 큰 그림이 그려지고 확신이 있을 때 투자하라고 조언 드리고 싶다. 또한 묻지마 투자가 아닌, 가치투자를 해야 한다. 내 주변을 봐도 보통 분양권 매입 및 매매계약 체결 등 일을 저지른 후에 마음의 위안(?)을 얻고자 상담을 요청하는 경우가 많은데, 저지르기 전에 미리 미리 꼼꼼히 알아보고 투자여부를 결정해야 한다.

가치투자를 하라!

투자는 분위기에 편승해서 남들 따라가면 안 된다. 2021년 현재 초저금리 + 풍부한 유동성 + 수요와 공급의 불일치 + 부동산 투자심리 UP 등으로 내 주변에도 부동산 가격이 무조건 오른다고 생각하고 무분별한 투자를 하는 사람들이 많이 있다. 부동산도 주식처럼 심리적인 영향을 많이 받는다. 꼭 자신만의 투자 우선순위를 정하고 감정에 앞서기 보단, 차갑고 냉철한 이성으로 접근해야 한다. 조금만 위기가 와도 양극화가 발생한다. 제2의 팬데믹, 경제위기 수준의 위기가 오더라도 버틸 수 있는 곳이 어디인지, 어떤 입지가 살아남을 입지인지, 어떤 물건이 위기에 크게 흔들리지 않을 곳인지 면밀히 분석한 후 투자해야 진정한 가치투자라고 생각한다. 초저금리 + 풍부한 유동성으로 화폐가치는 점점 떨어지기 때문에 근로소득 외에 화폐가치를 극복할 수 있는 자산을 만들어야 살아남는다.

터푸가이가 생각하는
부동산에 대한 오해와 진실

우리주변에 주식, 채권투자를 한다고 하면 뭔가 있어 보이고 분석력이 좀 있는 사람으로 인식하는 반면 부동산 투자를 한다고 하면 투기(?)라고 생각하고 색안경을 끼고 보는 경향이 있다.

좀 더 솔직 해보자! 진짜 그렇게 생각하는가? 본인이 하지 못해서 그렇게 생각하는 건 아닌가? 주식시장에서 나오는 각종 비리는 그러려니 인정하면서 부동산에서 가끔 터져 나오는 비리만 크게 보이는가? 정보의 비대칭성 측면에서 보면 나는 오히려 주식 시장이 더 기울어진 운동장이라 보고, 아직까지는 부동산 시장이 더 공정한 룰이 있는 시장이라고 본다. 필자도 그래서 부동산이 더 공정한 게임이라 생각하고 미친 듯이 몰입해서 여기까지 왔다. 변화가 빠른 시대에서 변화하지 못하면 살아남지 못한다.

부동산을 과거 땅 투기나 복부인 이미지로만 생각한다면 정말 시대에 뒤떨어진 생각이다. 부동산 시장도 4차 산업과 더불어서 많은 발전이 일어나고 있다. 언젠가는 부동산 중개업소 대부분이 문을 닫게 되고, 프롭테크(IT 정보 기술을 결합한 부동산 서비스 산업)를 가진 회사만이 이 시장에서 살아남을 것이다.

나는 부동산을 종합예술로 생각한다. 이 말을 하면 누군가는 비웃을 것이다. 나도 한 때 그랬었다. 그러나 부동산은 움직이는 생물과 같다. 금리, 경제상황, 글로벌 대외경기, 수요와 공급, 심리, 안전자산과 불안전자산의 변화 등 여러 가지 요인들이 복합적으로 작용한다. 정량적, 정성적, 심리적 분석을 복합적으로 면밀히 분석해야 한다.

결과보다는 과정을 보고 판단해줬으면 한다. 부동산 투자를 해보니 부동산은 절대로 불로소득이 아니다. 포기하고 싶을 때가 한 두 번이 아니었다.

투자는 아무나 하는 게 아니다!

이봐~! 해보기나 했어?

– 정주영

[그림 1. 정주영]

고 정주영 회장님의 명언은 한 마디로 핑계대지 말라는 것이다. 내가 회사 생활을 하면서 잊지 못하는 일화가 있다. 수년 전에 서울에도 눈이 엄청 많이 내려서, 월요일 아침에 대부분의 직장인들이 지각을 했던 날이었다.

본부장 : 오늘 아침부터 사장님 보고가 있는데, 김OO 팀장 왜 아직 안 왔냐?

부장 : 아, 오늘 폭설이 와서 늦는다고 연락 왔었습니다…….

본부장 : 폭설 온다고 늦어!!!!

부장 : 오늘 폭설 때문에 대부분 다 지각했습니다.
(속마음 : 오늘 같은 날 정시에 오는 게 정상이냐!! 억울 억울)

본부장 : 야!! 어제 출발했으면 오늘 안 늦었잖아!

부장 : 헉.......

　　이 일화는 내가 회사 다닐 때 실제로 겪었던 일이다. 맞다. 어제 출발했으면 지각 안했다. (그때는 완전 쫄았었는데 지금은 웃으면서 기억할 수 있다.) 그 때 '핑계'에 대해서 다시 한 번 생각해보게 됐다. 아! 프로는 핑계대지 않는다!! 맞다. 부동산 시장도 마찬가지라고 본다. 시간이 없어서, 돈이 없어서, 회사 생활이 바빠서, 좋은 물건이 없어서, 투자자가 많이 들어와서 등 누구나 핑계거리는 많이 댈 수 있다. 나는 부동산이 마치 농사를 짓는 것과 비슷해서 참 좋다. 그 이유는 열심히 땀 흘리는 것만큼 좋은 결과가 있기 때문이다. 프로처럼 환경을 뛰어넘어 그저 단순히 경쟁자보다 더 안 쉬고, 안 자고, 안 먹고, 열심히 공부하면 좋은 결과가 있는 분야가 부동산 시장이라고 생각한다.

[그림 2. 소가 뒷걸음질 치다 쥐 잡는 격]

'소가 뒷걸음치다 쥐 잡는 격'이라는 속담이 있다. 우연히 행운을 얻는 것을 뜻하지만 이 소는 그냥 행운을 얻은 것은 아니다. 뒷걸음질을 쳤기 때문에 쥐를 잡은 것이다. 뭔가 방향성은 맞지 않았지만, 움직였기 때문에 쥐라도 잡았다. 이것처럼 부동산에서는 실행력이 중요하다. 수백 권의 책, 수백 번의 강의를 아무리 들어도 결국 실행하지 않으면 아무것도 남지 않는다. "Nothing will work unless you do. 실행하지 않으면 아무것도 이루어지지 않는다."

투자기술 3가지(정보력, 자금력, 실행력)

자금력

자금력이 부족하면 투자에서 점점 멀어진다. 영어 속담에도

'Out of sight out of mind' 라는 말이 있는 것처럼, 투자금이 없어서 눈앞에 있는 좋은 매물을 놓치거나 투자금이 없어서 투자를 못하게 되면, 결국 투자에서 점점 멀어진다.

정보력

정보력 없이 투자를 하는 사람들은 스스로 공부하지 않거나 스타강사들이 찍어준 매물들을 사는 부류다. 이런 투자자들은 확신이 부족해서 항상 근심 걱정이 많은 스타일이다.

실행력

실행력이 부족하면 한 마디로 심약자로 분류된다. 이론만 가득하고 안절부절 못하고 좋은 매물들을 놓치고 나중에는 결국 악수를 두게 된다. 부동산 투자에 있어서 위의 3가지 투자기술을 꼭 명심하자! 실력 있는 투자자는 위의 3가지를 균형 있게 잘 갖춘 자다.

부동산이 과연 불로소득인가?

먼저 임대인 입장에서는 임차 물건에 대한 고장이나 파손 시 수리를 해줘야 하고, 건물 관리에 많은 노력이 들어간다. 예를 들어, 100만 원 상당의 전자기기를 구매할 때, 대부분의 사람들은 각종 인터넷 폭풍 검색 및 지인 찬스를 이용해 물건에 대해 공부한다. 하물며 1억 이상의 부동산을 매수하는 데에는 상당한 노력과 발품이 필요하다. 부동산 투자의 모든 리스크는 투자자가 감수한다. 불로소득이라고 비난하기 전에 투자 과정에서 고군분투한 내용들도 알아줬으면 한다. 나 같은 경우도, 물건 하나 투자 시 정량적 & 정성적 분석, 임장, 손품, 발품 등을 모두 동원해서 많은 경우의 수를 생각하고 결정한다. 그리고 모든 결과는 결국 내가 책임진다. 물건 하나를 투자하기 위해 잠도 줄여가면서 공부하고 때로는 식사도 못하고 수많은 지역을 다니는 것 자체가 엄청난 육체적, 정신적 노동이다. 부동산은 금액이 크기 때문에 한 번의 실수가 때로는 복구하기 힘든 결과를 가지고 올 수 있는 리스크가 있다. 제발 결과보다는 과정을 보고 판단해주기를 바란다.

> 대출 레버리지를 잘 이용하여 부의 추월차선에 올라타라!
> 대출은 계산하는 것이 아니라, 극복하는 것이다.
> by 터푸가이

투자를 하면서 투자자금이 항상 부족했기 때문에 부동산 투자 중 가장 어려운 부분이 대출이라고 생각한다. 각 지점별 금리와 대출금액이 다르기 때문에 최대한 많은 은행을 알아보는 게 중요하다. 가끔 각 지점별 한시적 특판이 나오기도 하니, 각 지점별 프로모션을 노려라!

꿀팁!

회사 다니는 경우, 반차 내기도 힘든 경우가 많다. 대출을 알아볼 때 대부분 은행창구에 직접 가서 상담을 받는데, 대출신청서류는 팩스 및 이메일로 주고 받을 수 있다. 대출 신청 과정에 드는 수고를 아껴서 그 시간에 임장이라도 한 번 더 가면 된다.

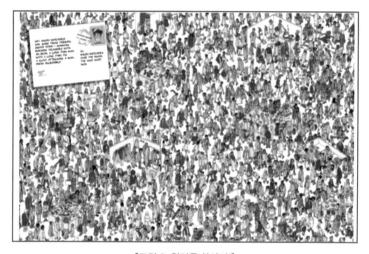

[그림 3. 월리를 찾아서!]

옛날 고전게임 '월리를 찾아서'라는 게임이 있었다. 위 그림 속에서 월리를 찾듯이 전국에서 나에게 유리한 대출이 잘 나오는 곳 한 곳만 찾으면 된다. 각 지점별로 대출금리 및 대출상품이 다르기 때문에 발품, 손품을 많이 팔아야 좋은 상품을 만날 수 있다.

지식산업센터 매입 시 취득록세(4.6%)는
무이자 카드납부가 가능하다.

지식산업센터는 상업용 부동산으로 지방세에 해당한다. 또한 상업용 부동산은 취득록세가 매매가의 4.6%로 예를 들어, 10억 원의 호실 한 개를 매입 시, 취득록세 비용만 4,600만 원이다. 웬만한 직장인 연봉과 맞먹는다. 직장을 다니면서 투자 하는 데에 가장 힘든 점이 바로 현금 유동성 확보였다. 지식산업센터 한 개 호실 매입 시, 보통 부가세는 매매가의 약 5~8%인데, 잔금 때 납부 후 부가세조기환급 신청을 하면 약 40일 이후에 환급된다. 그럼 10억 원의 한 개 호실 매입 시, 취득록세와 부가세만 약 1억 원이 필요하다. 그래서 나는 취득록세는 거의 신용카드(무이자 할부)로 납부하는데 이것은 카드 실적도 쌓고 현금 유동성도 확보하는 1석 2조라고 생각한다.

무이자 할부카드 카드사별 확인하기[예)서울] 방법은 간단하다.

1.   www.etax.seoul.go.kr에 접속
2.   홈페이지, 공지사항 '신용카드 무이자 할부 안내(종합)' 클릭
3.   카드사별 무이자 할부 내용 확인

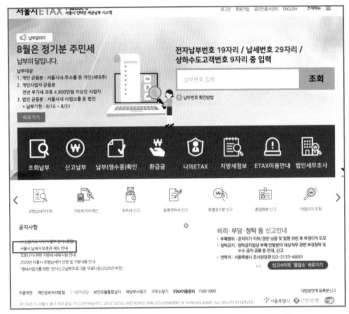

[그림 4. 서울시 ETAX] [출처 : 서울시 ETAX 홈페이지]

대출 심사 시 중요한 부분은 바로 본인 신용평가 점수

은행에서 대출 심사 시 대표적으로 참고하는 개인신용평가정보사이트로는 올크레딧, 나이스지키미를 주로 참고한다. 위 두 사이트는 유료 사이트인데, 본인의 신용평가점수를 무료로 확인해볼 수 있는 곳으로는 토스 또는 카카오뱅크에서도 무료로 본인 신용평가점수를 확인할 수 있다. 신용평가점수를 올리는 방법은 네이버에 찾아보면 교과서적인 대답을 들을 수 있다.

꿀팁!

신용평가점수 한방에 올리기!

통신요금, 국민연금 등 비금융정보를 등록하면 최소 10점 이상의 가점 점수를 받는다.

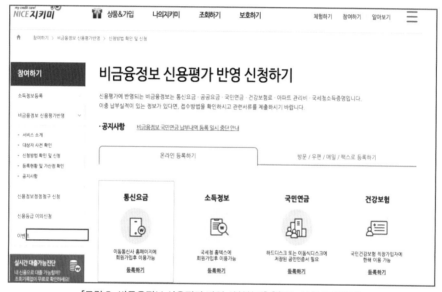

[그림 5. 비금융정보 신용평가 반영 신청하기] [출처 : 나이스지키미]

위 홈페이지인 올크레딧은 비금융정보로 추가 점수 확보도 가능하지만, 신용성향설문조사를 하면 추가로 점수를 또 받을 수 있다. 꼭 기억하자! 신용점수가 올라가면 대출이율 및 대출조건이 유리하다. 이 말은 수익률도 올라간다는 뜻이다. 토익 900점보다 신용평가점수 900점이 훨씬 더 큰 기쁨을 가져다준다.

[그림 6. 올크레딧 신용설문조사] [출처 : 올크레딧]

평범한 직장인에게 가장 좋은 포트폴리오는
매월 현금이 발생하는 수익형 부동산이다

부동산의 투자 상품은 크게 수익형과 차익형 상품으로 나뉜다. 차익형의 대표적인 상품은 땅, 아파트 등이 있고 수익형의 대표적인 상품은 오피스텔, 지식산업센터가 있다. 두 마리 토끼를 잡는 수익형 + 차익형 콜라보 모델이 바로 매매가도 꾸준히 상승하는 성수동 지식산업센터라고 생각한다. 나는 매월 고정적인 현금 흐름이 필요했기 때문에 수익형 상품을 선택했다. 차익형은 매도하기 전까지 세금만 많이 내고 약간 사이버 머니와 같다는 느낌을 받아서다. 내가 부동산 투자 시 가장 중요시하는 선택 중 하나가 바로 지역 선정인데, 나는 아직도 서울은 저평가 되어있다고 생각한다. 서울은 가로와 세로 폭이 넓은 한강을 보유하고 있고, 전 세계 최고의 지하철 인프라, 각종 문화시설, 세계 최고수준의 의료시설, 고급 호텔, 컨벤션 센터, 배달서비스, 치안 등이 글로벌 메가시티인 뉴욕, 런던, 도쿄, 시드니, 토론토 등과 비교해도 이용 가능한 혜택이 비교가 안 될 정도로 우수한 인프라를 가지고 있다. 내 주변의 해외 친구들도 서울 구경을 시켜주면 자신들이 가본 도시 중 서울이 제일 좋다고 말한다. 세계적인 투자자인 짐 로저스가 말하지 않았는가!'북한 리스크가 있어서 아직은 저평가 되어 있다고 본다.' 서울은 어떻게 보면 한국 사람들만 저평가하는 것 같다.

수익형 부동산을 선택한 이유

첫째, 매월 안정적인 현금 흐름이 필요하다. 둘째, 매월 안정적인 현금 흐름이 발생하는 수익형 상품은 차익형보다 Risk가 상대적으로 적다. 왜냐하면 매월 현금이 들어오는 상품은 정말 긴급한 상황이 아니고서는 굳이 팔 필요가 없기 때문이다. 실제 2008년 금융위기 때에도 차익형 부동산 상품보다 수익형 부동산 상품이 등락 폭이 적었고, 안정적으로 버텨준 상품이다. 셋째, 저금리 기조는 당분간 유지될 가능성이 크다. (최근 미국 중앙은행(Fed) 제롬 파월 의장이 간담회에서 2022년까지 제로금리로 유지하겠다고 밝혔다.)

초저금리로 인해 대출 레버리지를 이용하면 수익률을 올릴 수 있다.

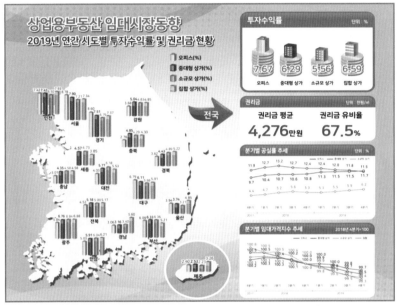

[그림 7. 상업용 부동산 임대시장 동향] [출처 : 국토교통부]

위 표는 국토교통부에서 발표한 자료로 정부에서 발표한 상업용 부동산 자료 중 가장 최신 자료다. 2019년도 연간 상업용 부동산 임대시장 동향을 한 장으로 잘 요약한 표다. 2019년도는 금리하락 및 전반적인 저금리 기조 속에 상업용 부동산에 대한 투자수요가 유입됨에 따라 오피스 및 일반상가 등에서 자산가치가 상승했다. 서울 소재 지식산업센터는 지속적으로 임대료 및 매매가가 동반 상승 중에 있다. 지식산업센터도 결국 인근의 땅값이 오르면 같이 올라간다. 서울 핵심지역 내 지식산업센터는 계속 눈여겨보고 있어야 한다.

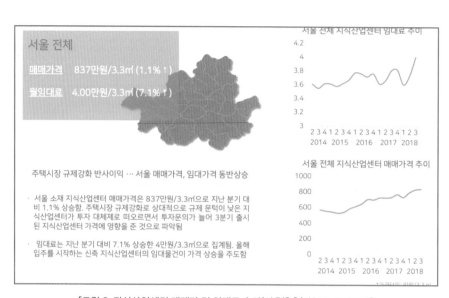

서울 전체

매매가격   837만원/3.3㎡ (1.1%↑)

월임대료   4.00만원/3.3㎡ (7.1%↑)

서울 전체 지식산업센터 임대료 추이

서울 전체 지식산업센터 매매가격 추이

주택시장 규제강화 반사이익 … 서울 매매가격, 임대가격 동반상승

· 서울 소재 지식산업센터 매매가격은 837만원/3.3㎡으로 지난 분기 대비 1.1% 상승함. 주택시장 규제강화로 상대적으로 규제 문턱이 낮은 지식산업센터가 투자 대체제로 떠오르면서 투자문의가 늘어 3분기 출시된 지식산업센터 가격에 영향을 준 것으로 파악됨

· 임대료는 지난 분기 대비 7.1% 상승한 4만원/3.3㎡으로 집계됨. 올해 입주를 시작하는 신축 지식산업센터의 임대물건이 가격 상승을 주도함

[그림 8. 지식산업센터 매매가 및 임대료 추이(서울)] [출처 : 부동산114]

1장

부동산 투자에
발을 떼다

1장

○●○

부동산 투자에 발을 떼다

> 뛰어난 사람에게는 모두 침묵하는 시기가 있다.
> 그 시기에는 많은 노력을 기울여도,
> 아무런 결과물도 얻을 수 없을지 모른다.
> 이런 시기를 '뿌리를 내리는 시기'라고 부른다.

모소 대나무

모소 대나무는 중국의 극동지방에서만 자라는 희귀종이다. 이 지역의 농부들은 여기저기 뿌리를 잘라 묻고, 매일같이 정성 들여 키운다. 하지만 농부들이 수년 동안 온 정성을 다해 키움에도 불구하고, 모소 대나무는 4년 동안 겨우 3cm정도 밖에 자라지 못한다.

4년이란 시간이 결코 짧은 시간이 아님에도 모소 대나무는 작은 대나무 밖에 되지 않는다. 타지방 사람들은 이런 모습을 볼 때면 도저히 이해하지 못하겠다는 듯 고개를 절레절레 흔든다. 육안으로 보기에도 모소 대나무는 전혀 자라지 않은 것처럼 보이고, 허송세월을 보낸 것과 다름없게 느껴지기 때문이다. 하지만 모소 대나무는 5년차가 되면, 하루에 무려 30cm이상씩 빠른 속도로 자라기 시작한다. 그렇게 6주 만에 15m 이상으로 자라게 되고, 이렇게 자라면 순식간에 빽빽하고 울창한 대나무 숲으로 변한다. 4년 동안 시간이 멈추어 버린 것처럼 아무런 미동도 없었던 그 곳이 순식간에 울창한 대나무 숲으로 변하는 것이다.

6주 사이에 정말 놀라운 일이 벌어진 것처럼 보인다. 하지만 모소 대나무는 아무런 성장이 없는 것처럼 보였던 4년 동안 땅 속에 수백㎡에 달하는 뿌리를 뻗치고 있었다. 모소 대나무가 폭발적인 성장을 할 수 있었던 데에는 4년이란 시간 동안 조용히, 그러나 꾸준히 뿌리를 내리는 시기가 있었기 때문이다. 결코 하루아침에 이루어진 일이 아니다.

우리 주변에도 이런 사람들이 있다. 나도 마찬가지였다. 열심히 뭔가 노력하는데도 불구하고 눈에 띄는 성과를 내지 못했다. 나는 언제쯤 성과를 낼 수 있을까를 항상 고민하면서 방황했었다. 마치 나만 뒤쳐지는 느낌이었다. 세상 탓, 부모 탓, 물질 탓 등 핑계만 대면서 하루하루 살아간 적도 있었다.

'나'라는 사람은 그냥 열기구 같은 사람이다. 한 순간에 폭발적인 성장은 아니더라도, 조금은 느리더라도 목표를 향해 꾸준히 올라가고 성장하는 사람이다.

> 퀀텀리프(Quantum Leap)란 폭발적인 성장을 의미한다.
> 당신의 퀀텀리프는 무엇인가?

2013년 생애최초 청약당첨(무주택의 설움에서 벗어나다)

내가 무주택 설움에서 벗어난 2013년에 드디어 생애최초로 주택청약에 당첨되었는데, 나에게 잊을 수 없는 곳이 있다.

[그림 9. 주유소 사진] [출처 : 네이버 지도]

위 사진은 과거 2010년도 네이버지도에 있는 사진인데, 양재동 코스트코 사거리에 있는 주유소다. 1998년 지방에서 올라와 숙식할 곳이 따로 없어서 숙식이 가능한 주유소에서 7개월 간 아르바이트생으로 일을 했었다. 그런데, 아르바이트 월급에서 4대 보험을 차감한다는 청천벽력같은 소리를 들었고, 쥐꼬리만한 아르바이트 월급에서 매월 4대보험료를 제하고 나니 얼마 남지 않았다. 그 당시 4대보험이 뭔지도 몰랐는데 매우 억울했다. 그런데 시간이 흘러 2013년 생애최초 청약을 넣으려고 보니, 건강보험자격 개월 수가 약 6개월 정도 모자랐다. 포기하려는 순간 LH 담당자분이 혹시 모르니 '건강보험 자격득실확인서'를 발급해서 확인해보라고 알려줬다. 이때 확인서를 발급받아 확인해보는 순간 온몸에 전율이 흘렀다. (그림 10. 건강보험 득실확인서)

무려 14년 전 쥐꼬리만한 아르바이트 비용에서 4대보험료를 차감했었는데, 이 때 일한 7개월이 인정되어 다행히 생애최초 주택청약을 넣을 수 있었고 당첨이라는 기적 같은 경험을 하게 됐다. 인생사 '새옹지마'라고 하는데, 이 일을 겪은 후 안 좋은 경험을 할 때마다 항상 이 기적 같은 경험을 떠올리며 이겨내곤 한다.

터푸가이 부동산 꿀팁!

첫째, 청약통장은 부부가 각각 유지해라. 당첨에 유리한 사람은 따로 있다. 둘째, 부모님 청약통장도 활용 가능하다. 직계 존속, 비존속 간 통장이관이 합법적으로 가능하다. 셋째, 서울에서 1순위 청약통장만 약 370만 명(2019년 연말 기준)이라고 한다. 가점이 낮은 사회 초년생의 경우 서울 핵심지 및 과천 등은 차라리 추첨제가 유리하다. 넷째, 물량이 많은 곳은 특별공급을 공략하라! 나도 생애최초로 당첨이 됐었다. 중소기업전형, 생애최초, 노부모 부양, 기관 추천, 비선호형 평형 등의 틈새시장을 공략하라! 다섯째, 청약저축통장 미납분이 있으면 일시 납부도 가능하다. (인정 시점은 은행별로 상이하니 꼭 은행에 확인 필수)

[그림 10. 건강보험자격득실확인서]

경매보다 경쟁률이 적은 공매에 도전하다!

경, 공매에 관심이 많아서 약 5년 전부터 경공매 강의를 들으면서 공동투자 및 틈새투자의 발을 넓혔다. 홀로서기가 가능할 때라고 판단하고 작년부터 혼자서 과감히 공매에 도전했다. 공매라는 것은 체납세금이나 국가추징금을 대신해 압류한 재산을 경매 입찰하는 것을 말한다. 공매는 한국자산관리공사에서 진행하며 공고, 입찰 등의 절차는 경매와 비슷하다. 내가 공매를 선호하는 이유는 경매는 연차를 내야 가능하지만, 공매는 온비드(www.onbid.co.kr)라는 사이트에서 24시간 입찰이 가능하기 때문이다. 그러나 공매는 경매에 비해 권리분석이 어렵고 정보 파악이 어려워 입찰 전 더욱 꼼꼼히 체크해야 낭패를 면할 수 있다. 경매 좀 한다는 사람들도 공매 입찰 시에는 더욱 조심해서 입찰에 응한다.

공매로 우면동 오피스텔 낙찰받기

2019년 초 우면동에 오피스텔을 공매로 낙찰 받았다.

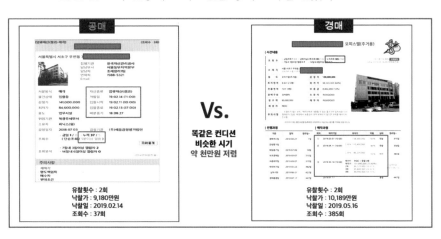

[그림 11. 서초구 우면동오피스텔 경매 vs. 공매] [출처 : 온비드, 지지옥션]

위 표에서 보는 바와 같이 비슷한 시기, 유찰 횟수도 동일, 건물도 동일한데 조회수는 약 10배 차이가 난다. 결국 나는 똑같은 난이도의 물건을 경매에 비해 낙찰가를 약 1천만 원 싸게 낙찰 받을 수 있었다.

임차인 빨리 맞추기

낙찰 받은 오피스텔을 회사 다니면서 임차인을 맞춰야 하니, 여러 가지 할 일이 많았다. 회사에서 내근직이라 전화 받기도 눈치 보이고 쉽지 않았다. 그래서 생각해낸 방법은 진짜 임차로 들어올 만한 사람들만 연락이 오게 만드는 방법이었다. 부연설명이 필요 없을 정도로 사진도 여러 측면에서 많이 찍고, 세부내용들을 꼼꼼하게 적었다.

이렇게 하면 가장 큰 장점이 내가 원하는 세입자를 골라 받을 수 있다. 이런저런 사람들이 무작위로 전화를 하면 회사 업무에 지장을 주기 때문이다. 직접 세입자를 구하는데 있어서 여러 가지 앱이나 사이트 등을 사용해봤는데, 가장 좋은 앱은 바로 '피터팬의 좋은 방 구하기'였다. 20~30대 대부분의 사람들은 이 앱을 보고 연락을 해왔다. 또한 직거래다 보니, 중간에 부동산을 낄 필요가 없어서 부동산 중개수수료도 절약되니, 세입자 분도 좋아하셨다. 조건을 까다롭게 하면 진짜 관심 있는 사람만 전화한다.

여기서 조심해야 할 점은 직거래 시 나처럼 인상이 호감형이 아닌 건장한 남성은 세입자가 여성일 경우, 단 둘이 커피숍에서 만나는 것

자체가 세입자 분에게 스트레스가 될 수 있다. 계약 시 내가 처음에 먼저 카페에 들어가니 세입자 분이 눈도 안 마주쳤는데, 주차를 하느라 5분 뒤 들어온 아내와 아들을 세입자 분이 보더니 그제야 내 눈을 마주치며 '가족을 보니 안심이 되네요!'라고 첫 마디를 건넸다.

매물 상세설명

매물 상세설명

햇볕이 잘 들어오고 5층에서 뷰가 좋은 방입니다.

1. 반전세로 보증금 4,000 / 20만원 or 3,000/30 만원(전세자금 대출가능)

2. 관리비 6~7만원선(인터넷, tv, 전기세,수도세, 와이파이 포함)

3. 풀옵션, 주차 무료(매우 편리함)

4. 집주인 직거래로 수수료 절감, 부동산 대서도 가능

5. 강남까지 20분대로 교통좋음

6. 관리실이 있어 보안좋음

7. 기타 전세자금 대출 가능

8. 대서료 부담하시고 인근 부동산에게 계약 가능합니다.

5층에서 제일 좋은 방입니다.
깨끗하게 쓰시고 입주하실분만 연락주세요^^

[그림 12. 실제 저자의 매물 상세설명] [출처 : 피터팬의 좋은 방 구하기]

20~30대 여성과 단둘이 커피숍 등에서 만나서 직거래를 한다고 하면 가족을 동반하거나 그것도 안 되면 강아지라도 데려가라!

터푸가이 부동산 꿀팁! - 임차인빨리맞추기

첫째, 방이 좁은 곳은 최대한 넓어 보이도록 광각카메라로 촬영하

면 보다 넓어 보인다.(광각카메라 기능이 좋은 스마트폰 활용) 잘 모르겠다면 MBC '구해줘 홈즈' 프로그램을 보면 한 번에 알 수 있다.

둘째, 좁은 방은 단점을 극복하기 위해 시선을 분산시킬 수 있는 액자, 화분 등을 배치하면 좋다. 액자나 화분은 다이소, 이케아만 가도 저렴하고 예쁜 상품들이 많다.

셋째, 좋은 향기는 방에 대한 좋은 기억을 갖게 한다. 향기 마케팅을 이용하면 된다. 단, 과하면 안 된다. 넷째, 햇빛 좋은 날에 촬영하여 넓고 밝은 분위기를 연출하면, 임차인 매칭 성공 확률이 올라간다.

35년 된 아파트 공매로 낙찰 받기

2019년 초, 성동구 옥수동의 아파트가 공매로 나온 것을 보고 입찰하기로 결정했다. 이 물건은 00은행 사택이었던 물건 특성 상 관리소장님의 허락 하에 집안을 볼 수 있었다. 관리소장님의 연락처를 알아내서 공매입찰 전까지 최종 몇 명이 다녀갔는지 파악했다. 나까지 포함하여 총 4명이 다녀갔고, 10억이 넘는 아파트라서 진성 입찰자는 50%로 예상하고 입찰가를 산정해 입찰에 들어갔다. 예상대로 나까지 포함해서 총 2명이 입찰하였고 내가 최종적으로 낙찰을 받았다.

아파트 경비소장님, 경비원들, 청소 아주머니들은 모두 경, 공매에 있어서 중요한 단서를 줄 수 있는 분들이다. 경비원 아저씨들에게 일단 인사 잘하고 음료수라도 사 들고 친근하게 다가가면 그 누구도 줄 수 없는 고급 정보를 단돈 만 원 정도로 얻을 수 있다. 최근 아파트 경비원에게 갑질을 해서 사회적 물의를 빚는 경우가 많은데 이런 일은 꼭 없어져야 한다. 어른들께 잘하자! 복이 들어온다.

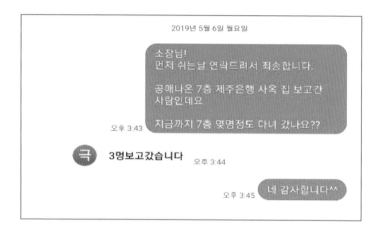

[그림 13. 관리소장님과의 문자 대화내용]

결국 핵심은
입지와 정부정책
따라가기

2장

결국 핵심은 입지와 정부정책 따라가기

> 가치투자자가 돼라.
> 아주 오랜 세월 증명된 효과적인 투자법이다.
>
> - 워런 버핏 -

수익형부동산의 꽃 지식산업센터란 무엇인가?

항상 큰 그림을 봐야 제대로 된 방향성을 잡을 수 있다. 부동산 투자도 마찬가지다. 금리향방, 유동성, 수요와 공급, 정부정책, 경제상황 등을 종합적으로 모니터링 하면서 공부하면 돈의 흐름이 어디에서 어디로 이동하는지를 보고 방향성을 잡을 수 있다. 이게 나의 부동산 제1원칙인 가치투자다. 지식산업센터(구 아파트형 공장)란 한마디로 아파트처럼 개별 공장들을 하나로 모아 만든 것이 지식산업센터다. 기존에 개별 공장들이 있던 곳을 토지이용 고도화 및 관리운영 효율화를 위해 용적률을 상향시켜 지식산업센터라는 건물을 짓고 이 안에서 사업 활동을 할 수 있도록 하는, 정부에서 장려정책으로 소위 밀어주고 있는 산업형태를 말한다.

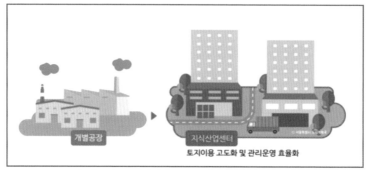

[그림 14. 지식산업센터 그림] [출처 : 네이버]

수도권 지식산업센터 평 단가

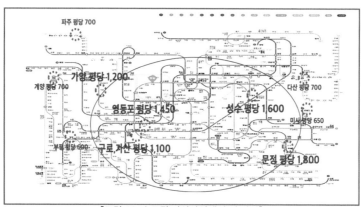

[그림 15. 수도권 지식산업센터 평 단가]
[공급평형 / 5년 이내 신축 / 역세권(도보 5~8분 이내) /
단위 : 만원 / 2020년 연말 기준]

실무에서 지식산업센터 평수를 말할 때는 흔히 공급평형과 전용평형, 두 가지로 나뉘는데, 평단가 및 매매가는 모두 공급평형을 말한다. 지식산업센터는 대부분 전용률이 약 50%이다. 공급평형 100평이면 실 평수는 공급평형의 50%인 50평으로 계산한다. 그림 15는 수도권 지식산업센터 평단가를 필자가 직접 조사한 내용을 지하철노선도에 표기한 것이다.

지식산업센터 투자 시 가장 중요한 요소 중 하나가 바로 공실률인데, 공실률을 확인하기 위해서는 수요와 공급을 항상 점검해야 한다. 실입주 수요 대비 공급량이 많은 경기도 외곽권은 분양회사에서 아무리 장점만 말한다고 해도 본인이 꼭 팩트 체크를 해야 한다. 분양회사 말만 믿고 묻지마 투자를 하는 초보 투자자들의 피해가 늘어나고 있다. 나는 컨설팅 및 강의할 때 수강생들에게 본인만의 투자원칙을 꼭 세우라고 강조한다. 나의 투자원칙 중 하나는 저수지 이론에 입각하여 동그라미 원 안에 있는 in서울 핵심지역 내에 주로 투자를 하는 것이다. 저수지 이론은 저수지의 물이 마를 때는 가장자리부터 마르기 시작해서 저수지 한 가운데는 가장 마지막에 마른다는 이론으로 부동산에서도 위기가 올 때 in 서울 핵심지역은 상대적으로 어느 정도 리스크 관리가 된다고 본다. 초저금리, 풍부한 유동성, 수급 불일치로 인해 현재 부동산 시장은 매우 뜨거운데, 이럴 때일수록 차가운 이성을 가지고 향후 위기가 올 때 어느 지역이 안전한 지역인지 볼 수 있는 실력을 길러야 한다.

지식산업센터도 위기가 오면 아파트처럼 양극화가 될 것이다. 부동산도 심리전이다. 경제위기 및 팬데믹(세계적인 대 유행병)으로 인해 공포에 질렸을 때, 시중 현금 유동성은 안전자산으로 생각되는 서울 핵심지로 몰려든다. 안전자산은 위기 때 빛을 발한다. 당신이 생각하는 안전자산은 무엇인가를 항상 고민해야 한다.

> 부자가 되고 싶은가? 남들이 공포에 질렸을 때 욕심을 내고,
> 남들이 욕심을 낼 때 조심하라!
>
> - 워런 버핏 -

실제 투자하면서 느낀 지식산업센터 최근 분위기

> 모두가 비슷한 생각을 하고 있다는 것은
> 아무도 생각하고 있지 않다는 말이다.
>
> - 아인슈타인 -

첫째, 최근 주택시장의 각종 규제로 인해 실수요자 + 투자자들이 수익형 부동산으로 몰리고 있다. 아파트를 규제하니 빌라, 다가구, 오피스텔로 투자금이 이동하고 있다. 둘째, 서울은 전국구다. 서울 경쟁자만 보면 안 된다. 서울 핵심지는 따로 설명할 필요가

없는 지역이다.

셋째, 지식산업센터 실사용자들도 임차가 아닌, 직접 매수를 해서 사용하고 있다. 정부장려정책의 원래 취지에 맞게 실사용자들이 직접 매수를 하게 되면, 임차 시 매월 내는 임차료보다 매수 후 내는 대출 이자가 훨씬 저렴하기 때문이다.

대표적인 수익형 상품인 지식산업센터 vs. 오피스텔 투자

대표적인 수익형 상품인 지식산업센터와 오피스텔을 비교해 볼 필요가 있다. 첫째, 탄력적인 임대료이다. 지식산업센터는 오피스텔에 비해 임차인이 법인이어서 개인이 주로 임차인으로 구성된 오피스텔보다 임대료 인상이 자유롭다. 둘째, 세재 혜택이다. 오피스텔은 주거용 85㎡ 이하만 취득세 감면 혜택이 있으나, 지식산업센터는 실입주 5년 이상 영위한 기업에게는 취득세 50%, 재산세 37.5% 감면 혜택이 있다. 원래는 2019년 말까지 혜택이 가능했는데, 3년이 더 연장되어 2022년 말까지 혜택을 볼 수 있다. 셋째, 임차기간이다. 오피스텔은 주거용으로 많이 사용하기 때문에, 지식산업센터에 비해 손 바뀜이 상대적으로 많고 단기 임대가 있으나, 지식산업센터는 주로 법인이 임차하기 때문에 장기 임대가 많아 안정적이다. 넷째, 수익률(경기도 역세권 기준)이다. 오피스텔의 평균 수익률은 5~6%이나 수도권 지식산업센터의 평균 수익률은 6~8%로 오피스텔에 비해 높은 편이다.

구분	오피스텔	오피스	지식산업센터
임대료 인상	주택법 규제로 임대료 인상 5%제한	상가임대차보호법으로 인상 5%제한	상가임대차보호법으로 인상 5%제한
세제혜택	주거용으로 임대(시안85m2이하), 취득세감면	없음	취등록세 50%, 재산세 37.5%감면
정책자금	없음	없음	풍부한 정책자금
부가세환급	업무용만 환급	업무용만 환급	환급가능
서비스면적 (발코니)	서비스면적 제공 (확장은 불가)	서비스면적 계획 불가	서비스면적 제공 (2면, 3면 발코니가능)
면적확장성	불가능	가능	가능
임차기간	단기임대 다수	장기대 임대	장기 임대
수익률 (경기도기준)	5~6%	5~6%	6~8%
분양가 (평)	900~1,300 만원	1,000~1,300 만원	600~800만원
대출비율	70~80%	60~70%	80~85%
소유자	구분소유(집합건물)	단일소유, 구분소유	구분소유(집합건물)
입주업종	제한없음	제한없음	있음
지원시설종류	제약없음	제약없음	제약있음
기타	화장실,조리시설		탕비실, 수도 설비, 샤워실 설치가능

[그림 17. 오피스텔 vs 오피스 vs 지식산업센터]

꿀팁! - 실 사용자만 가능한 공적 자금 대출 혜택

지식산업센터를 매입 후 실제 입주해서 5년간 사용하는 업체에게는 여러 가지 공적 자금 대출 혜택이 있다. 자격 요건이 맞으면 시중 은행보다 오히려 대출금액도 크게 나오고 이자율도 저리로 대출이 가능하다. 실입주 기업의 공적자금은 크게 중소벤처기업진흥공단의 자금 대출과 각 지자체 신용보증재단의 지원사업 대출이 있다. 시설자금 기준으로 대출한도 45억, 대출기간 10년, 대출이율 2% 초반대로 대출신청이 가능하다.(2020년 기준) 또한 공적 자금과 은행 자금을 혼합해서도 대출이 가능하다. 최근 나의 컨설팅 고객들도 아주 저금리로 대출을 이용해 지식산업센터를 매입하여 본사사옥을 지식산업센터로 마련하게 됐다. 정부에서 혜택을 줄 때 잘 이용하는 것도 효과적인 사업의 한 방법이다.

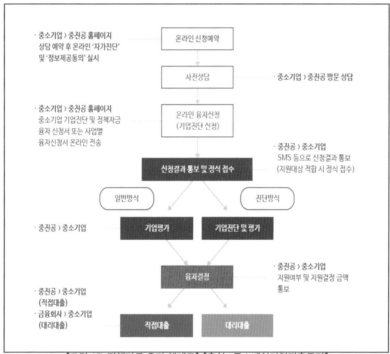

[그림 17. 정책자금 융자 체계도] [출처 : 중소벤처기업진흥공단]

지식산업센터 현황 및 노후화 비율

구분	지식산업센터 수	용지면적	입주업체 수
전국	1,110	9,167,331	33,575
경기도	470	4,071,440	11,766
서울특별시	352	2,216,930	13,856
인천광역시	67	571,613	2,508
부산광역시	44	336,939	2,564
경상남도	32	521,936	1,171

[그림 18. 주요 시도별 지식산업센터 현황] (2019년 연말 기준, 수량: 개, 면적: ㎡)
[출처 : 한국산업단지공단]

2019년 기준 지식산업센터 수는 전국에 약 1,100여개가 되고 그 중 약 80%가 수도권에 몰려있다. 그렇기 때문에 수도권에 투자 시, 수요와 공급을 꼭 꼼꼼히 따져보고 투자결정을 해야 한다.

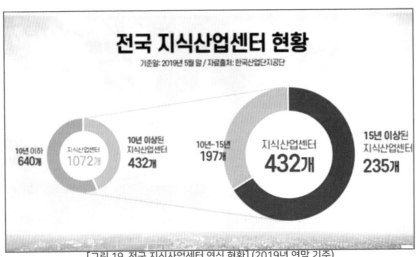

[그림 19. 전국 지신사업센터 연식 현황] (2019년 연말 기준)
[출처 : 한국산업단지공단]

지식산업센터도 아파트처럼 임차인들이 대부분 신축을 선호한다. 일단 오피스 빌딩과 비교할 때, 신축 지식산업센터는 쾌적성, 옥상정원 등 휴식공간, 넓은 주차장, 편리한 상가시설 등 공용 공간 등도 계속 업그레이드 되면서 실입주 기업들의 만족도가 상당히 높은 편이다. 전국 지식산업센터 10개 중 4개가 약 10년 이상 된 건물이고, 15년 이상 된 건물이 약 20%다. 이 말을 거꾸로 뒤집어보면 역세권의 신축은 실입주 기업들이 선호하는 건물이며 공실 위험이 상대적으로 낮다는 것을 의미한다.

지식산업센터의 차별화 및 장점들

(1) 정부정책 및 대형 건설사의 콜라보 작품

지식산업센터는 정부에서 추진하고 있는 4차 산업, 1인 기업 창업, 일자리 창출 등의 정부정책과 함께 가고 있으며, 대형 1군 건설사들도 앞 다투어 지식산업센터 건설에 참여하고 있어서 갈수록 고급화, 대형화가 되고 있는 추세다.

(2) 우수한 임차인

법인은 임차료(월세)를 비용으로 처리하기 때문에 개인보다 상대적으로 임차료가 밀릴 걱정이 적다.

(3) 관리 수월

지식산업센터는 아파트처럼 관리사무소가 별도로 상주하고 있어서 크고 작은 문제 발생 시 신속하게 처리해준다. 요즘은 관리사무소도 점점 프랜차이즈화가 되어 시스템을 갖춘 관리사무소들이 늘어나고 있다. 입주 기업 입장에서는 매우 편리하다.

(4) 저렴한 관리비

지식산업센터의 관리비는 일반 오피스 빌딩과 비교하면, 약 50%정도 저렴하다. 성수동의 한 지식산업센터와 강남 인근 오피스 빌딩의 관리비를 비교해보면, 공급평형 50평대(실 평수 25평) 강남오피스 빌딩의 관리비는 평당 1만 원대로 한 달에 관리비만 50만 원 정도인데, 동일 평수의 성수동 지식산업센터 관리비는 평당 5천 원대로 25만 원대이다. 만약 대형평수라고 하면 관리비 차이만 한 달에 약 50여만 원 이상 차이가 난다. 강남에서 사업하시는 대표님들이 늘 하시는 말씀이 강남은 관리 컨디션에 비해 관리비가 너무 비싸다고 하소연을 한다.

지식산업센터의 좋은 호실은 어떻게 알 수 있을까?

1601호	1602호				1612호	1611호
46.16 (23.76)	42.87 (22.07)				42.87 (22.07)	46.16 (23.76)

1603호	1604호	1605호	1606호	1607호	1608호	1609호	1610호
56.30 (28.99)	51.79 (26.67)	45.37 (23.36)	42.66 (21.97)	42.66 (21.97)	42.66 (21.97)	62.27 (32.06)	76.44 (39.36)

구분	서비스 면적 (평)
1	7.60
2	3.31
3	8.16
4	3.28
5	2.54
6	2.35
7	2.35
8	2.35
9	3.43
10	9.79
11	7.60
12	3.31
합계	56.08

[그림 20. 평형별 서비스 면적] [출처 : sk건설]

위 그림은 성수동 sk건설에서 지은 역세권에 위치한 지식산업센터 면적별 서비스면적 구성표다. 16층에 1~12호까지 총 12호실이 있는데, 이 중 가장 좋은 호실은 바로 코너 호실인 1610호다. 왜냐하면 발코니 서비스 면적이 다른 호실에 비해 월등히 높기 때문이다. 코너 호실은 실입주 기업들도 조금 더 넓게 사용할 수 있기 때문에 매우 선호한다. 또한 코너 호실은 대부분 양창으로 구성되어, 다른 호실에 비해 뷰가 좋다. 즉, 급매로 코너 호실을 싸게 매입한다는 것은 뷰까지 확보한다는 것이다. 여기에 기존 인테리어도 잘 되어 있다면 완전 블루칩! 금상첨화다.

3면 발코니 호실은 진짜 블루칩!

[그림 21. 3면 발코니]

위 사진처럼 3면 발코니는 건축물 구조상 특이한 구조에서만 나오기 때문에 진짜 희소성이 있는 물건이다. 3면 발코니의 서비스 면적은 정말 크다. 3개의 향을 모두 가지고 있기 때문에 뷰도 좋아서, 다른 호실에 비해 평당 임대료도 더 비싸게 받을 수 있다. 뷰가 좋기 때문에 실입주 기업 및 임차인들이 정말 좋아하는 구조다. 3면 발코니는 분양물량에도 거의 없으며, 대부분 시공사, 시행사, 분양사 관계자들에게 기회가 가기 때문에 일반인은 매수하기가 쉽지 않다. 필자도 최근에 3면 발코니 호실을 매수하려고 했으나, 매물이 나온 걸 확인하자마자 곧바로 매물이 나가서 허탈감을 느낀 적이 있었다.

꿀팁!

지신산업센터의 블루칩은? 이것 세 가지는 꼭 암기하자!

역세권 + 좋은 인테리어 + 코너 호실

터푸가이 윤대표가 추천하는
향후 유망한 지식산업센터 지역은?

(1) 직장이 위치한 지역의 변화

물고기도 모이는 곳에 모인다.

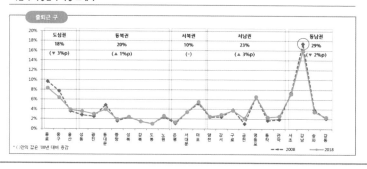

[그림 22. 서울시 직장인의 직장 소재지] [출처 : KEB하나은행 하나금융경영연구소]

우리는 빅데이터, AI 등 정보의 홍수 시대에 살아가고 있는데, 이러한 시대를 살아가기 위해서 가장 중요한 것은, 데이터를 분석하는 능력과 데이터의 내용을 꿰뚫어 볼 수 있는 통찰력을 지니는 것이 중요하다고 생각한다. 부동산 데이터를 보는 시각도 마찬가지라고 생각한다. 위 표는 2008년과 2018년 약 10년간 직장이 위치한 지역의 변화를 비교한 표다. 약 10년 전과 비교해서 직장 소재지가 전통적인 오피스 타운인 강남 쪽, 도심 쪽의 출근은 감소했으나, 동북권과 서남권의 직장소재지는 증가했다.

(2) 정부정책에 맞서지 말고, 함께 가라!

성수동 = 소셜 벤처밸리 vs. 구로가산 = G밸리

[그림 23. 성수동 소셜벤처 밸리]

　우선 성수동은 소셜 벤처밸리로 자리를 잡았다. 소셜 벤처는 한마디로 '사회적 기업' 형태를 말한다. 청년창업을 위한 공유 오피스가 증가하고, AI, 가상현실, 증강현실을 활용한 스타트업이 지속적으로 늘어나고 있으며, 특히 구청, 정부, 민간이 콜라보로 소셜 벤처밸리를 형성하고 있다. 최근 중소벤처기업부에서 1200억 펀드 조성 후 2022년까지 약 5천억 이상 펀드를 조성한다는 발표가 있었다. 한마디로 정부에서 밀어주는 지역이다. 성수동은 정부지원 + 대기업 지원사업이 늘어나고 있는 입지다. 구로가산 G밸리는 ICT 융복합 기술화 사업, R&D 사업, 4차 산업 관련 정부 지원 사업 등이 늘어나고 있으며, 얼마 전 대통령께서 G밸리 한 구내식당에서 식사하는 장면이 유명세를 타기도 했다.

(3) 거액 투자 받은 스타트업 입지를 체크하자!

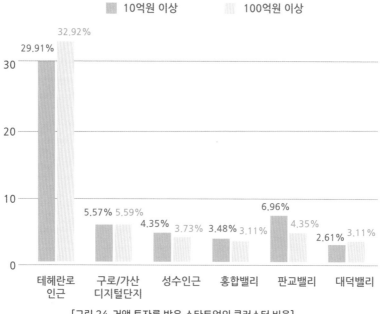

[그림 24. 거액 투자를 받은 스타트업의 클러스터 비율]

[출처 : 스타트업 얼라이언스 / 2019년 기준]

　　전국 기준으로 강남, 서초 등 이른바 테헤란로 인근에 약 100억 이상 투자를 받은 스타트업들이 몰려있다. 다음 두 번째로 구로가산 G밸리, 세 번째로 성수 벤처밸리에 몰려있다. 내가 볼 때, 스타트업은 시장, 인재, 투자자 등 3요소가 성공의 중요한 열쇠가 된다고 본다. 성수동에 고급 인력들이 몰려오고 있는 것은 여러 가지 의미로 좋은 징조가 된다.

(4) 부동산 유형별 공실리스크를 꼭 확인하자!

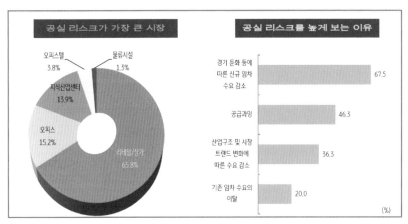

[그림 25. 부동산 유형별 공실리스크]
[출처 : KB경영연구소 / 복수응답 / 2020년 기준]

위 표를 요약하면, 공실리스크는 상가 + 오피스에서만 약 80% 이상 발생한다. 물론, 평균적 수치로 공실 리스크를 봤기 때문에 지역별, 입지별, 평형별 분석은 투자 시 따로 분석을 해봐야 정확한 공실률을 알 수 있다. 위 표에서 나온 것처럼 지식산업센터 공실률은 다른 투자 상품에 비해 안정적이기는 하나, 수요보다 공급물량이 많은 지역, 신규임차 수요가 감소하는 지역, 임차회사에서 볼 때 비인기 지역 등은 잘 체크를 해야 공실의 리스크를 벗어날 수 있다.

(5) 무엇이 우리를 두렵게 하는가?

뿌리 깊은 나무는 바람에 흔들리지 않는다.
심지를 굳게 하고 자신이 원하는 바를 따라 묵묵히 나아갈 것이다.

- 마크 주커버그-

구분	2008 금융위기	현재
대출	-서브프라임 모기지 부실로 인해 금융위기 발생 -미국, 일본은 과도한 대출로 인해 거품 및 위험 발생	-집값의 최대 70% 이상 대출 불가 -DTI, LTV, DSR을 통해 대출 규제 -부채 부실의 위험도를 지속적으로 줄임
금리	-기준금리 3~5% (주택담보 대출금리6%) -고금리로 다주택자 매물급증	-초저금리로 기준금리 0.75% (추가인하 가능성 up) -저금리로 다주택자 매물 거의 없음 (주담대 2.4%) -공급대비 수요가 압도적으로 많음
서울입주물량	-2008년 5.7만, 2009년 3.2만 -강남발 공급물량 심화 (강남 2.6만 공급물량) -2009년 부터 2기 신도시의 입주 물량 쏟아짐	-2020 4만호, 2021년 2만호 -재개발 / 재건축 입주권 금지, 분양권 금지로 공급부족 심화 -공급대비 수요가 많음
미분양	-11만호 -2009~2010년 미분양 17만호	-전국 4만호 vs 수도권 4천호 -분양권 인기로 미분양 소진중
전세가	-전세가 약 40~50% -공급과다 + 낮은 전세가율로 매매가 하락 지속	-수도권 전세가율 60~70% 이상 -초저금리 전세자금 대출 활성화 -공급부족 + 높은 전세가율로 인해 매매가 상승 유력

		-수도권은 공급이 급격히 줄고 있어 무주택자들의 공포감 -재건축,재개발 등 각종 규제로 공급물량 부족 심화
공급 물량	-2008년부터 분양물량 증가	
기타	-폭락 시 경매물건 다수 발생 -1998년 외한위기 후 V자 회복 (서울 집값 83%폭등) -2008년 금융위기 후 W자 회복	-경매물건이 적고 낙찰가율 높음 -IMF는 OECD 36개국 중 한국이 경제 성장률 1위 전망 -무디스 : 한국 신용등급을 Aa2유지 -> 코로나발 경제피해 적음

[그림 26. 무엇이 우리를 두렵게 하는가?]

꿀팁! 터푸가이 윤대표의 지식산업센터 전망

1. 다른 부동산 투자 상품 대비 수익률이 우수한 '지식산업센터'로 투자자(유동성)가 모이고 있다.

2. 약 1년전 터푸가이 윤대표가 성수동은 곧 신축이 평단가 1,700만 원 이상 찍을 것이라고 했을 때 부동산 중개인들이 비웃었다. 지식산업센터계의 강남인 성수동은 앞으로 1~2년 안에 평단가 2,000만 원 이상 찍을 것이다.

[그림 27. 2020년 코로나19직후 각종 미디어 보도내용]

2020년 초, 코로나19로 인해 각종 미디어 및 언론에서 곧 대한민국이 망할 조짐이 보이고, 1998년 IMF급 위기, 2008년 금융위기와 같은 금융위기가 닥칠 것이라고 앞 다투어 발표하기 시작했다. 나는 본질적인 요인이 무엇인지 매우 궁금해서 총 7가지 항목에 대해서 데이터를 수집하고 표로 정리하기 시작했다.(그림 25.) 총 7가지 지표로 분석해보니, 언론에서 자칭 전문가(?)라고 하는 분들의 얘기와 다른 점들이 많았다. 대출을 보면, 2008년에 비해 DTI, LTI, LTV, DSR 등 각종 지표로 대출을 규제하고 있었고, 금리도 그때와 비교가 안 될 정도로 저금리였다. 또한, 수요와 공급이 정말 중요한데, 서울 입주물량만 봐도 2008년과 비교가 안 될 정도로 공급이 적었고, 미분양, 전세가율 등도 2008년에 비해 상당히 안정적이었다. 마지막으로 IMF 및 무디스 신용평가기관에서는 k방역의 성과를 보고 한국이 나름 선방하고 있음을 낙관했었다.

2020년 4월 국토연구원의 보고 자료에 따르면 과거 사스, 신종플루, 메르스 등 전염병이 부동산에 미치는 영향은 미미했다는 보고서도 있다. 다시 강조하지만 부동산은 심리적인 영향이 크다. 사람들이 불안하기 시작하면 가급적 안전자산으로 자산을 이동시키려는 특성을 보인다. 흔들릴수록 본질에 집중하면, 무엇이 우리를 두렵게 하는지 두려움이 보인다. 막연한 두려움에 대하여, 정량적인 수치화를 통해 두려움의 원인을 찾아 낼 수 있다. 특히 새벽에 대한민국이 곧 망한다는 유튜브 등을 혼자서 보지 말자! 나도 가끔은 새벽에 혼자 보면 무섭기도 하다. 그렇다고 이대로 걱정말 하고 있어야 할까?

3장

나는 왜 성수동을 선택했고 1년 만에 결과를 낼 수 있었나!

3장

나는 왜 성수동을 선택했고
1년 만에 결과를 낼 수 있었나!

전국 지식산업센터 대장 서울, 성수동

　나는 신혼 때 건대입구역 인근에 살았고 처가집이 자양동이어서 자주 왕래를 하다 보니 성수동은 약 15년 전부터 자주 다닌 지역으로 내게 나름 친숙했다. 특히 성수라는 동네 이름도 개인적으로 너무 좋아한다. 聖水(맑은 / 거룩할 / 신성할 성, 물 수) 한마디로 맑고 신성한 물이 흐르는 동네라는 뜻이다. 지식산업센터는 다른 부동산 상품에 비해 정보를 얻기가 아직도 조금 어렵다. 이렇다 할 앱&사이트 등이 없고 그나마 네이버 부동산에서 정보를 얻을 수 있다.

성수동 지식산업센터 연도별 분양가격

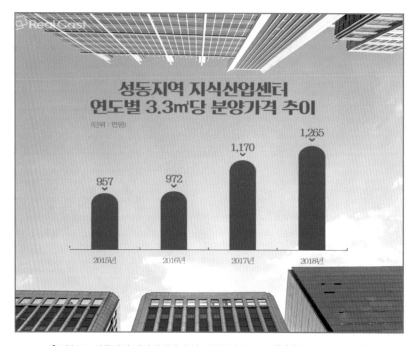

[그림 28. 성동지역 지식산업센터 연도별 분양가격 추이] [출처 : 부동산114]

그래서 최신 자료 업데이트도 다른 부동산 상품에 비해 늦다. 그렇기에 내가 몸 담고 있는 아투연(지식산업센터 투자연구소)에서는 국내 최고의 지식산업센터 전문 법인회사로서 앱 개발 및 지식산업센터 전용 전문 웹사이트를 준비하고 있다.

위 표는 2015~2018년도 성수동 지식산업센터 공급평형당 분양가격 추이를 조사한 그래프다. 표에는 반영되지 않은 최근 2019년도 분양가격은 약 1,350만 원대로 분양 중이며, 2020년 9월 현재는 역세권 인근 기준으로 분양가격이 약 1,400만 원대를 넘어가고 있다. 즉,

연간 분양가 신장률이 약 7~8%로 계속해서 높아지고 있다.

	건물명	매매가	공급(평)	전용(평)	평단가	매매시점	비고
1	AK 밸리 (3xx~x호)	109,000	41.6	20.8	1,369	20년 4월	풀인테리어 1억 초반대
2	에이팩센터 (11xx호)	76,000	57.7	29.4	1,315	20년 5월	발코니 서비스면적 약 8평
3	서울숲 한라에코밸리 (3xx호)	60,000	40	20	1,500	20년 6월	독립호실
4	영동테크노타워 (5xx~x호)	125,000	94.8	50.1	1,323	20년 7월	초역세권
5	서울숲 A 타워 (3xx~x호)	186,000	112.9	56.5	1,650	20년 7월	호실 앞 정원 우수
6	아이에즈비즈타워 (14xx~x호)	125,800	87.1	44.4	1,444	20년 8월	가로 발코니 면적 우수
7	서울숲 IT캐슬 (지하 1xx~x호)	48,000	54.3	30	883	20년 8월	지하 1층 호실
8	에이스하이엔드 성수타워 (5xx~x호)	80,700	57.7	28.8	1,400	20년 8월	룸 6개, 인테리어 우수
9	서울숲SKV1 타워 (16xx~x호)	222,000	138.7	71.4	1,600	20년 8월	한강뷰, 올확장 인테리어
10	서울숲SKV1 타워 (13xx~x호)	140,000	89	45.8	1,570	20년 9월	올확장, 로얄층 코너호실

*매매자료 : 부동산 실거래가 (윤대표 직접확인) / 단위 : 만원

[그림 29. 성수동 지식산업센터 2020년 최신 매매가 추이]

위 도표는 필자가 직접 컨설팅으로 매매계약을 체결한 물건들만 정리한 표다. 위 표에서 보는 바와 같이 성수역 역세권이라고 해도 입지별, 평형별, 호실별 가격형성이 모두 다르다. 위 10개 리스트는, 이른바 블루칩 호실들을 급매로 시세보다 싸게 매입해서 매매 계약했기 때문에 현 시세보다 평당 50~150만 원 정도 저렴하다고 보면 된다.

성동권역 임대료 현황

성동권역 지식산업센터 단지별 평균 임대료 현황 (만원/3.3m^2)				
성동권역	서울숲 드림타워	롯데 IT캐슬	성수역 SKV1	코오롱 디지털타워1차	서울숲M타워
임대료	5.0	5.0	4.9	4.5	4.5

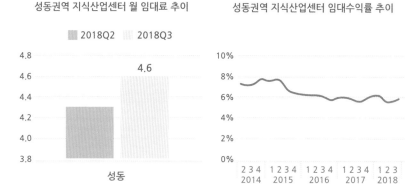

*가격단위 [그림30. 성동지역 지식산업센터 월 임대료 추이] [출처 : 부동산 114]

일단 성수동의 공급 평형당 평 단가는 역세권+신축 기준 약

1600~1700만 원대다. 임대료는 역세권+신축 기준 평당 약 5만 원
대로 강남시세의 50~60% 수준이다. 관리비가 저렴한 것뿐만 아니
라, 강남에 비해 주차가 월등히 편하고 주차비도 저렴하다. 강남은 돈
주고도 주차할 곳이 없을 때가 있다. 성수동의 월 임대료는 계속해서
우상향 중이며, 강남보다 여러 가지 편리성을 갖춘 곳이기 때문에 임
차인 입장에서는 상당히 매력적이다. 나는 평당 임대료도 향후 5년간
계속해서 우상향할 것으로 본다. 왜냐하면 현대글로벌비즈니스센터
+ 영동대로 복합개발 + 잠실 MICE(잠실운동장 일대 한강+탄천+영
동대로를 컨벤션, 스포츠, 교통 허브로 연결하는 사업)의 메가톤급 호
재가 있기 때문이다. 이유는 뒷부분에서 자세히 다루겠다. 필자가 보유
하고 있는 지식산업센터 월 임대료도 5만 원 선이다.

성수동 지식산업센터 임대료			
건물명	계약시기	공급평형	평당수익
C 센터	19년 5월	46.1	4.8
I 센터	19년 9월	91.6	4.7
H 센터	20년 11월	40.7	4.9
A 센터	20년 4월	80.0	5.3
평균 (만원)			4.9

[그림 31. 성수동 지식산업센터 월 임대료] [기준 : 2020년 연말 기준]

성수동 지식산업센터 준공 현황

성수동 지식산업센터 건축현황 표 (한국산업단지공단 자료, 행별 명칭·준공일·용도·면적 등 수치 포함)

주요 명칭(일부): 서울제일인쇄협동조합, 센츄리프라자, 윈스타워쿼린타, 대군인더스타운, 우델테크노센터, SK, 케이조코라야, 지엔플라자, 삼성문화, RLF아파트형공장, 뚜엔젠하우스, 이셀타운아파트형공장, 상원디지털벤처타워, (주)유보, 이외재, 성수동 무링e BIZ Center(변경전:이비즈센터), 남양아파트형공장(변경전:아주), 엠플러스타워, 윙림테크원, 아주디지털타워, 서울 코모몰 1차, 휴먼테크, 모리엔테크피아, 성수스카이타워, 한신크래블리, 서울송코모웰디지털타워3차, 성수동 sk v1 타워, 서울코모 리더스워, 서울송코모웰디지털타워2차, 서울송 한라시그마밸리, 성수동 아이에스 비즈타워, 서울송 한라에코밸리, 성수 이매센터, RZ지식산업센터, 서울송 드림타워(상성), T-tower(티 타워), 서울숲밸리, 서울송 한라시그마밸리II, 서울송 드림타워, 신한타워, SH센터, 에이스하이엔드 성수타워, 에이스송키움, 성수동1가13-189 지식산업센터, 영창디지털타워, 만량지식산업센터, 백염성수센터, 서울송 엠타워I(성수656-334), 서울역 SK V1 Tower, 하우스디 세종타워, 서울송 비즈포레, 서울송 iTCT, 서울송 L-Tower, 유림지식산업센터, 성수 SK V1 center 1, 성수 SK V1 center II, 성수V센터더시앙블렉스, 서울송 AK밸리, 서울숲 현대 테라스타워, 더리브 세종타워, 성수역 현대 테라스타워, 서울숲 AK밸리

[그림 32. 성수동 지식산업센터 건축현황] [출처 : 한국산업단지공단]

한국산업단지공단에 등록된 성수동 지식산업센터 수는 정확히 총 81개다.(2020년 상반기 기준) 그러나 아직 미 착공된 지식산업센터 약 15개를 제외하면 실제 지식산업센터 수는 약 60여개다.(2020년 9월 기준) 2020년 이후 분양예정 건물은 약 10여개다. 여기서 중요한 포인트는 바로 역세권 + 입지 좋은 곳은 이미 기존 지식산업센터 및 오피스 빌딩이 자리를 잡고 있어서, 신규

예정 건물들은 대부분 역세권에서 조금 떨어진 곳에 위치해 있다는 점이다. 성수동 분양 관계자나 부동산중개인들이 항상 하는 말이 있다. '사장님! 성수동은 땅값도 오르고 있고, 지식산업센터 지을 땅이 진짜 없어요.'라고 말한다. 나도 이런 말을 지난 수개월 동안 정말 많이 들었는데, '대체 땅이 어느 정도 부족하기에 지을 땅이 없다고 말씀하시는 걸까?' 하는 궁금증이 있었다. 그러나 분양 관계자분들에게 물어봐도, 면적대비 정확히 어느 정도 땅이 부족한지 정량적인 숫자로 제시해주거나 알려주는 곳이 없었다. 그래서 직접 한국산업단지공단에서 Law Data자료를 다운받아 가공해서 아래표로 정리해봤다.

연식	승인연도	건물수	대지면적(평)	연면적(평)	점유율
20년 이상	~2000년	7	5,494	26,387	9%
15년 이상	2001~05년	13	8,091	44,984	16%
10년 이상	2006~10년	13	14,289	92,517	16%
5년 이상	2011~15년	23	97,803	165,077	28%
5년 이내	2016~20년	25	25,830	215,059	31%
3년 이상	2016~17년	25	16,619	132,069	16%
신축	2018~20년	12	9,212	82,989	15%
합계		81	151,507	544,024	100%

[그림 33. 성수동 지식산업센터 연도/연식별 면적비교]

이 자료를 가공하면서 몸에 전율이 잠시 흘렀다. 엑셀 작업하다가 이런 경험하기는 생전 처음이다. 나는 평소에 분양관계자나 부동산중개인 사장님들 브리핑을 다 믿지 않고 직접 팩트 체크를 하곤 한다. 위 표 중, 2011~2015년 지식산업센터 건물 수는 23개, 대지면적 합계는 약 10만 평인데, 최근 5년 이내인 2016~2020년 사이 추가된 건물 수는 25개, 대지면적 합계는 약 2만 5천 평으로 진짜 5년 전에 비해 땅 면적이 1/4수준으로 쪼그라들어 있었다. 진짜로 성수동은 지식산업센터 지을 땅이 부족해 갈수록 대지면적이 점점 작아짐을 엑셀 데이터를 통해 알 수 있다.

성수동 지식산업센터 입주 예정 현황(2021년 3월 기준)

현재 공사 중에 있는 지식산업센터를 준공 순서대로 보면 서울숲동진 IT타워(대지면적 508평), 성수AK밸리 2차(대지면적 757평), 더리브세종타워(대지면적 873평), 더스페이스타워(대지면적 610평), 성수에이원센터(대지면적 518평), 서울숲에이원센터(대지면적 1,235평), 선명스퀘어(대지면적 807평)로 필자가 집필하고 있는 2021년 3월 현재 총 2개의 건물이 준공 중에 있다.

입지가 불리하면 압도적인 규모와 인테리어로 승부하라!

필자가 약간 놀랐던 입주 건물이 있다. 바로 화양사거리에 있는 성수SK v1센터와 W센터 데시앙플렉스(생각공장)이다. 여기는 엄밀히 말하면 성수역 역세권은 아니다. 여기 입지는 가장 가까운 역인 어린이대공원역에서 성인 남성 기준으로 도보 약 12분(850m) 거리, 성수역에서는 성인 남성 기준으로 도보 약 16분(1.2km)으로 성수역 역세권은 아니다. 그러나 성수역 인근에는 물건이 거의 없어서, 여기까지 투자자 및 실입주 기업들이 많이 들어가고 있다. 현재 매물로 나와 있는 물건은 거의 없고, 임대차 물건도 거의 다 찼다. 왜냐하면, 위 3개 건물의 대지면적은 약 5천 평으로 앞으로 성수동에서 단일규모로 대지면적 5천 평 이상의 지식산업센터는 나오지 않을 가능성이 매우 높다. 그만큼 성수동에서 규모가 가장 크며, 무엇보다 인테리어가 마치 고급 아파트에 온 것처럼 지하주차장부터 옥상정원까지 꼼꼼히 인테리어에 신경을 쓴 게 보인다.

CEO들이 좋아하는 자발적인 야근(?)을 부르는 내외부 인테리어 및 넓은 공용 공간, 녹지 공간도 있다. 그러나 넓은 대지면적, 고급 인테리어에 혹해서 무리하게 투자하는 것은 조심해야 한다. 다시 한 번 강조하지만 부동산은 첫째도 입지, 둘째도 입지다. 혹시나 나중에 위기가 왔을 때, 역세권이 아닌 곳은 조심해야 하고, 특히 직원들은 역에서 10분이 넘어가면 퇴사율도 높아진다.

서울에 지식산업센터 지을 수 있는 면적비율은?

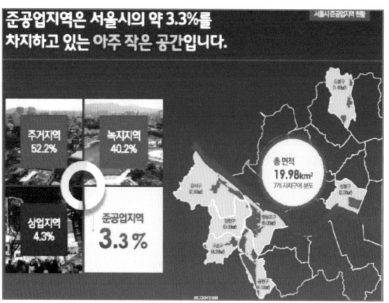

[그림 34. 서울 전체 면적에서 준공업지역 면적비율] [출처 : 서울시/국토교통부]

　서울시에 지식산업센터를 지을 수 있는 면적은? 정답은 표에 나온 것처럼 약 3.3%다. 서울 전체 면적은 평수로 계산하면 약 1억 8천 3백만 평이다. 이 중 지식산업센터를 지을 수 있는 준공업지역은 약 600만 평으로 전체 면적대비 3.3%에 해당한다. 서울에서 지역별 준공업지역 분포도는 서남권에 약 70% 이상이 몰려있다. 영등포에 33%, 구로에 23%, 금천에 16%, 성수에 12%, 강서에 10% 등이다. 여기서 중요한 점은 '2030 서울도시기본계획'에서 '준공업지역은 주거 및 녹지 지역 부족으로 준공업지역 확대를 최대한 제한적으로 검토한다.'라고 되어있다.

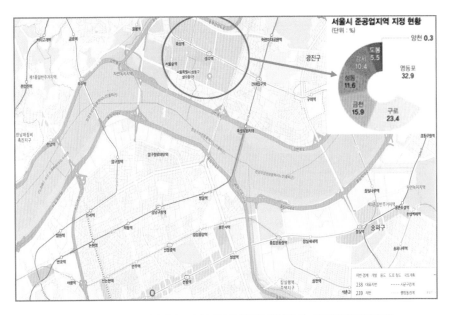

[그림 35. 서울 전체 면적에서 준공업지역의 면적비율] [출처 : 네이버지도 재가공]

　즉, 준공업지역의 확장은 현재 힘든 구조다. 이 말을 뒤집어보면, 기존에 입지가 좋은 준공업지역은 상당히 매력적인 땅으로 볼 수 있다. 성수동의 준공업지역은 약 70만 평인데, 이 70만 평이 다 지식산업센터가 들어가는 땅이 아니라 70만 평 중에는 아파트도 있고, 녹지 공간, 공용 공간, 오피스텔, 상가 등이 혼합되어 있어서, 보수적으로 약 50%인 35만 평이 지식산업센터를 지을 수 있는 땅이라고 봤을 때, 이 땅의 크기는 현재 서울숲의 크기와 비슷하다. 한마디로 필자가 강조하고 싶은 것은 성수동은 지식산업센터를 지을 수 있는 땅이 이제 거의 없다는 점이고, 땅의 크기도 크게 지을 수 있는 곳이 거의 없다는 것이다. 즉, 공급은 적으나 수요층이 두텁다는 것이다.

서울시 준공업지역 면적비교			
해당구	점유율(%)	지식산업센터용도	서울시 면적대비
영등포	33%	95만평	0.9%
구로	23%	70만평	0.7%
금천	16%	45만평	0.4%
성수동	12%	35만평	0.3%
강서 마곡	10%	30만평	0.3%

[그림 36. 성수동 지식산업센터 땅 비교]

직접 성수동 지식산업센터 임장지도 만들기!

아투연 회원분들에게 성수동 임장을 할 때 가장 답답한 것을 물어보면 100명 이면 100명 모두, 도대체 지식산업센터가 어디에 있는지 모르겠다고 하는것이다. 그래서 성수동 임장을 할 때 제일 답답하던 지식산업센터를 한 눈에 볼 수 있는 네이버지도나 홈페이지, 애플리케이션 등을 찾아보았지만 없었다. 주변 부동산을 돌아봐도 1년전 만든 팜플릿이 전부였다. 실망스러웠다. 그렇다고 남탓만하고 있을수는 없었다. 그래서 직접 구글 지도를 이용하여 임장지도를 만들었다.

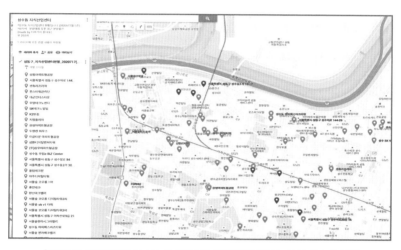

[그림 37. 구글지도로 본 성수동 지식산업센터 현황] [출처 : 구글지도 재가공]

위 지도에서 파란색 아이콘은 기존 지식산업센터 건물이며, 보라색 아이콘은 신축 예정인 건물을 표시한 것이다. 해당 아이콘을 클릭하면 지식산업센터명, 대지면적, 준공일, 입주업체 수, 주소 등이 보이도록 만들었다. 임장을 할 때는 항상 큰 그림을 보고 접근해야 효율적인 임장이 가능하다. 조만 간에 평 단가, 수익률 등 세부자료도 업데이트 할 예정이다.

2030 서울시 최상위 계획에서 알 수 있는 투자 힌트

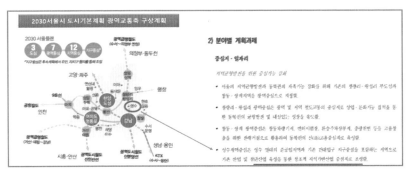

[그림 38. 2030 서울시 도시기본계획 광역교통축 구상계획] [출처 : 서울도시계획포털]

　　서울도시기본계획이란 20년 후 서울의 미래상과 발전방향을 통합하는 최상위 계획이다. 앞으로 나오는 계획들은 반드시 최상위 계획의 도시기본계획에 부합해야 한다. 여기서 성수동을 첨단산업 육성을 통한 창조적 지식기반산업 중심지로 조성하겠다는 힌트를 얻을 수 있다. 앞으로 성수동은 지식산업센터의 메카로써 정부에서도 더 키우겠다는 것이고 사진처럼 교통망도 더 좋아진다고 보면 된다. 평소에 최상위 계획을 유심히 살펴보면 뜻밖의 보물들을 발견할 수 있다. 조만 간에 2040 서울시 도시기본계획이 나온다. 힌트는 여기까지!

5년 후에 진짜 강남 중심축은
영동대로 현대차글로벌비즈니스센터(GBC)

GBC 건설에 따른 파급효과		
경제효과	고용창출	세수 증가
264조 8,000억원	121만 5,000명	1조 5,000억원

[그림 39. 2030 서울시 도시기본계획 광역교통축 구상계획]

[출처 : 현대차그룹자료 재가공]

영동대로 지하공간 개발은 삼성역~봉은사역 630m 구간에 지하 7층, 24만㎡로 개발되는 초대형 프로젝트이다. 수도권광역급행철도(GTX-A·C노선), 도시철도(위례~신사 경전철), 지하철(2·9호선) 및 버스·택시 환승시설이 들어선다. 2026년 말 완공 예정인 삼성동 글로벌비즈니스센터(GBC)와 맞물려 일대 부동산시장에는 메가톤급 호재로 작용할 가능성이 크다.

특히 물리적으로 가장 가까운 준공업지역인 성수동에 가장 큰 호재로 작용할 것이다. 영동대로 복합개발은, 국내 최고 높이(569m·105층)로 지어질 GBC 및 잠실마이스사업과의 시너지 등을 통해 국내 최대 지하도시이자 랜드 마크로 자리 잡을 것이란 전망이다. 영동대로 복합개발과 GBC사업 등이 완료되면 삼성역 일대가 국내 최고 업무·상업·교통의 중심지로 탈바꿈할 것이고 앞으로 진짜 강남은 영동대로가 될 것이다.

알다시피, 대기업의 1,2,3차 협력업체들은 대기업 인근에 몰려 있는데, 영동대로 인근 임대료가 대한민국에서도 가장 비싸기 때문에 영동대로에서 물리적으로 가장 가까운 성수동으로 올 수 밖에 없다. 대기업 협력업체 관계자들은 대기업에서 부르면 바로 달려가야 한다. 협력업체로 오래 일 해 오신 분들은 이게 무슨 소리인지 단번에 알 것이다. 그래서 대기업 협력업체들은 물리적으로 최대한 가까운 위치에 있으려고 한다. 계속 얘기했듯이, 성수동은 지식산업센터를 지을 땅이 이제 거의 없는데 수요층이 몰려오게 되면 당연히 매매가 및 임대료는 상승하게 된다. 위 그림에서 본 것처럼 영동대로 복합개발은 경제효과, 고용창출, 세수가 역대급인 대형 프로젝트 사업이다. 성수동은 영동대로와 물리적으로 4km 거리이며, 자동차로 10분 이내에 도착할 수 있는 입지이다.

실패하지 않는 지식산업센터 입지조건 3가지!

첫째, 강남(영동대로)에서 물리적 거리다.

강남은 우리나라 최고의 업무·상업·교통의 중심지다. 물리적으로 가까우면 부동산 경기와 관계없이 상대적으로 크게 흔들리지 않는 안정적인 입지이다.

둘째, 역세권(2, 9호선)

역세권은 도보로 약 5~8분 이내 거리를 말하는데, 역세권의 진가는 위기가 왔을 때 드러난다. 바닷물도 썰물이 되어서야 암초, 바닥 등이 드러나 보이는 것처럼 부동산 침체기에도 환금성이 좋은 상품은 역세권이다. 그리고 가장 중요한 점은 역에서 멀면 멀수록 직원들의 퇴사율이 높아진다는 것이다.

셋째, 일자리 창출

　일자리 창출지역은 탄탄한 실수요 층이 뒷받침되기 때문에 공실의 위험에서 자유로우며, 매매가 및 임대료가 우상향할 수 있는 조건을 갖춘다. 양극화 시대에는 특히 일자리가 지속적으로 늘어나고 있는 곳에 투자해야 살아남는다. 성수동은 지속적으로 양질의 일자리가 늘어나는 입지다. 필자가 성공하는 지식산업센터가 아닌 실패하지 않는 지식산업센터 3가지를 강조한 이유는 리스크를 항상 염두에 두어야 하기 때문이다.성공만 강조하는 전문가는 조심하자!

핫플레이스 & 신흥부촌 성수

(1) 한국의 브루클린 성수동

　성수동은 뉴욕의 브루클린처럼 도시에 예술이 들어오면서 과거, 현재, 미래가 공존하는 스타트업밸리가 됐다. 젊은 스타트업 창업자들이 문화예술의 거리인 성수동으로 계속해서 몰려들고 있다.

　큐브엔터테인먼트, 클리오 본사, 메가박스 본사, 유명 패션디자이너, 와디즈 체험관 등 최근 온, 오프라인에서 소위 잘나가는 기업들은 대부분 강남이 아닌 성수동으로 오고 있다.

(2) 서울숲 및 한강변

서울숲은 뉴욕 센트럴 파크처럼 도심 내의 허파 역할을 할 수 있도록 작정을 하고 야심차게 만든 숲이다. 필자도 종종 서울숲에 가곤 하는데, 서울 내의 다른 공원들과는 비교가 안 될 정도로 넓은 숲에 있으면 마치 다른 세상에 온 것 같은 기분이 든다. 서울숲은 약 35만 평으로 여의도 공원의 2.2배, 축구장의 약 70배 크기다.

(3) 편리한 교통

성수동은 지하철 2호선 및 분당선이 있으며 성수대교 다리 하나만 건너면 바로 압구정동이고 영동대로를 건너면 청담동이다. 또한 강변북로도 바로 이용이 가능하여 서울 동서남북 이동이 편리하다.

(4) 유명 핫플레이스 성지

성수동은 유독 핫플레이스가 많다. 대림창고, onion, 블루보틀, 아뜰리에길, 카페성수, 장미맨숀, 성수연방 등 성수역, 뚝섬역 인근에는 곳곳에 핫플레이스가 골고루 퍼져있다. 또한 구청에서 젠트리피케이션(낙후된 구 도심이 활성화 되면서 높은 임대료로 인해 기존 임차인이 높은 임대료를 버티지 못하고 쫓겨나는 현상) 방지를 위해 건물주 등과 협력하여 많은 노력을 하고 있어서 성수동 특정상권에는 대기업 프랜차이즈 입점이 불가하며 성수동만의 특색 있는 상권을 유지하고 있다. 나중에 기회가 되면 젠트리피케이션에 대해 상세히 다루기로 하겠다.

(5) 신흥 부촌

트리마제, 갤러리아포레, 아크로서울포레스트 등 부촌이 형성되고 있어 성수전략정비1~4지구는 한강변에서 유일한 50층 대단지 고급 주거지역으로 바뀌게 된다.

2020년 공시지가 1위 성수동

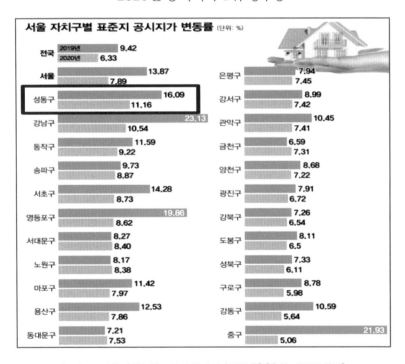

서울 자치구별 표준지 공시지가 변동률 (단위: %)

지역	2019년	2020년
전국	9.42	6.33
서울	13.87	7.89
성동구	16.09	11.16
강남구	23.13	10.54
동작구	11.59	9.22
송파구	9.73	8.87
서초구	14.28	8.73
영등포구	19.86	8.62
서대문구	8.27	8.40
노원구	8.17	8.38
마포구	11.42	7.97
용산구	12.53	7.86
동대문구	7.21	7.53
은평구	7.94	7.45
강서구	8.99	7.42
관악구	10.45	7.41
금천구	6.59	7.31
양천구	8.68	7.22
광진구	7.91	6.72
강북구	7.26	6.54
도봉구	8.11	6.5
성북구	7.33	6.11
구로구	8.78	5.98
강동구	10.59	5.64
중구	21.93	5.06

[그림 40. 서울 자치구별 표준지 공시지가 변동률] [출처 : 국토교통부]

위 표에서 보는 바와 같이 2019년도 전국 공시지가 1등은 강남

구였는데, 2020년도는 성동구가 강남을 제치고 1등을 했다. 성동구의 땅값은 지식산업센터 개발수요와 역세권 부근, 한강변 부근의 재개발 사업에 대한 기대감에 따른 투자수요 증가로 상승했다고 볼 수 있다.

아무리 성수동, 문정동, 영등포라고 해도 비역세권은 조심하자!

비역세권 및 핵심지에서 벗어나면 공실의 위험이 높다. 현재 성수동이라고 해도 입지가 좋지 않은 곳은 실제로 공실이 있는 곳이 있다. 평 단가가 싸다고 덥석(?) 물면 나중에 크게 고생하게 된다. 꼭 역세권 유무를 꼼꼼히 따져보고 실입주 여부를 결정해야 한다.

꿀팁!

1. 최근 연예인들이 어디에 주목하고 투자하는지 알면 힌트를 얻을 수 있다.

2. 2014년 이후부터 많은 연예인들이 성수동에 주목하고 투자했는데, 우연의 일치일까?

3. 2015년부터 성수동의 땅값이 급격히 오르기 시작했다.

터푸가이 부동산 꿀팁!

소위 잘나가는 회사들이
성수동 지식산업센터로 넘어오는 이유 베스트 5

첫째, 강남의 비싼 월 임차료 대비 약 50~60% 수준의 가성비
　　　좋은 임차료

둘째, 강남에 비해 약 2배 이상 저렴한 관리비
　　　(성수동 평균 관리비는 공급평형 기준 평당 약 5천 원 선)

셋째, 편리하고 쾌적한 주차장

넷째, 다양한 편의시설 (구내식당, 옥상정원, 넓은 로비 등)

다섯째, 핫플레이스의 성수동은 2030 직원들이 매우 좋아한다.

4장

성수동 투자 및 임대방법 노하우 총정리

4장

성수동 투자 및 임대방법 노하우 총정리

성공으로 가는 위대한 비밀의 규칙은 없다.
성실하고 약속을 잘 지키고 허세를 부리지 않고
친절을 베푸는 것과 같은 작은 비밀이 있을 뿐이다.

- 돈의 속성 (김승호) -

임대 필살기 1. 비수기 전략

2018년 9.13 부동산 대책 및 2019년 12.16 부동산 대책으로 부동산 시장이 얼어붙어 있었던, 더운 초여름 비수기에 일부러 성수동 임장을 다녔다.

성수 역세권으로 도보로 5~6분 거리에 있는, 성수동에서 가장 핫플레이스가 많은 연무장 길에 있는 지식산업센터 1개 호실을 매입했다. 주말에 임장을 가서 내부의 실제 인테리어 모습은 보지도 못하고 도면과 바깥 모습만 보고 계약을 했다. 부동산은 상상력이 풍부해야 한다. 인테리어가 잘 되어 있으면 임차 회사에서 무척 좋아한다.

임대차 계약서를 임차인 법인 대표와 작성하면서 이런저런 얘기를 나눴다. 나는 임대차 계약할 때 꼭 물어보는 게 있다. 많은 지역 중 '왜 성수동으로 왔는가?'다. 임차인 대표님은 원래 강남에 사무실을 두고 있었는데, 강남은 주차도 불편하고 특히, 밤에 시끄러워서 일을 제대로 할 수가 없어 성수동으로 넘어왔다고 했다.

임대 필살기 2. 인테리어 전략

작년 연말에 성수역 초역세권 지식산업센터 한 개 호실을 매입했는데, 코로나19로 인해 공실이 약 3개월 정도 발생했다. 나에게 귀신, 좀비보다 무서운 건 '공실'이다. 공실이 나면 한 달에 관리비 + 대출이자 등 지출비용이 발생하기 때문에 공실이 길어지면 정신적으로 스트레스가 심해진다. 그래서 약 1,500여만 원 가까이 들여 임차인이 좋아하는 스타일로 인테리어를 해주는 조건으로 하고, 임차인 법인 대표와 인테리어 회사를 직접 연결시켜줘서 임차인이 원하는 스타일로 인테리어를 진행할 수 있도록 해줬다. 그 대신, 인테리어는 필자 돈으로 하되 보증금을 천만 원 올리기로 하고 무난하게 임차를 맞췄다.

필자는 지식산업센터 1층 로비에 도착하면 꼭 체크하는 것이 있다. 그것은 바로 로비에 걸려있는 'Information 안내표지판'이다 호실별 회사명이 적혀 있는 안내표지판을 꼭 사진으로 찍어

둔다. 왜냐하면, 이 리스트만 봐도 해당 빌딩의 공실여부를 어느 정도 체크할 수 있고, 주로 어떤 회사들이 이 빌딩 안에 들어오는지도 대략 파악이 되며, 인테리어 컨셉을 잡을 때 매우 유용하기 때문이다.

임대인과 임차인은 어떤 관계라고 생각하는가?

필자는 임대인과 임차인의 관계를 조금 과장해서 표현하자면, 사랑의 동반자 또는 환상의 커플이라고 본다. 갑질을 하면 절대 안 된다. 임대인과 임차인은 비즈니스 파트너 관계다. 실제로 성수동에 임차해 있는 회사들은 소위 업계에서 잘나가는 회사들이다. 임차인 회사 대표님들을 만나면서 느낀 점은 하나같이 열정적이고, 젊고, 매너가 좋았다. 나도 그분들에게 배울 것이 많다. 임차인 회사에서 좋아하는 임대인은 어떤 스타일일까? 나는 연락이 잘 되고 일 처리가 빠른 사람이라고 생각한다. 임대인으로서 해줄 수 있는 것들을 빨리빨리 처리해주니 대부분의 임차인 회사에서 월 임차료를 자동이체 해주었다. 서로 얼굴 붉힐 일이 전혀 없다.

첫 번째 매수한 물건은 지난 5월이 만기였는데 월세는 동결로 했다. 이 어려운 시기에 임차료 한 번 안 밀리고 자동이체 해주는 임차인 회사가 너무 고마웠기 때문이다. 인생사 '새옹지마'라고 했다. 혹시 아는가, 임차인 대표와 내가 비즈니스 동반자로 만나게 될지….

터푸가이 부동산 꿀팁! - 임대시 활용가능한 4가지방법

1) 임대차 계약 시 자동이체 신공

매너가 좋은 임대인과 만만하게 보이는 임대인은 다르다. 임대인과 임차인이 얼굴 붉히는 가장 큰 이유는 딱 하나다. 바로 월 임차료가 밀리는 것이다. 그래서 계약서 작성 시 당당히 자동이체를 해달라고 요구하라! 임대인은 문제 발생 시 속히 해결해줄 책임이 있고, 임차인은 제 날짜에 월 임차료를 지불할 책임이 있다고 본다. 상호 간에 신뢰가 중요하다. 먼저 매너 있게 다가가면 임차인 회사 대부분은 자동이체를 한다.

2) 임차인 회사정보 알아보기 신공

임차인 회사가 궁금하다면 잡코리아, 사람인 등 구인구직 사이트에서 대략적인 회사 정보들을 알아 낼 수 있다. 회사 재무 상태까지 좋으면 금상첨화다.

3) 스마트폰으로 1분 안에 세금계산서 발급하기 신공

임대인은 매월 호실별 임차료에 대해서 전자세금계산서를 의무적으로 발급해야 한다. 대부분의 사람들은 PC로 발급하고 있는데, 나는 스마트폰 앱으로 1분 안에 발급한다. '손택스'라는 앱을 설치하고 개인 공인인증서 + 전자세금계산서용 공인인증서 2가지만 있으면 단 1분 안에 발급이 가능하다. 손택스는 홈택스 스마트폰 버전이라고 보면 되는데, 홈택스의 대부분의 기능이 사용 가능해서 매우 편리하게 사용하고 있다. 또 한 가지 팁은 자주 사용하는 메뉴를 '즐겨찾기'로 해 놓으면 화면 맨 하단 'My메뉴'만 클릭하면 한 번에 사용하고자 하는 메뉴로 바로 들어갈 수 있다.

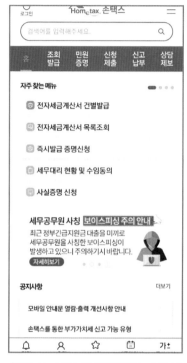

[그림 41. 손택스 앱 화면] [출처 : 손택스]

4) 사업자등록증 정정신고 빨리하기 신공

보통 세무서에 직접 가서 수정하는 사람들이 있는데, 홈택스에서 도 즉시 신청이 가능하다. (홈택스 홈페이지 → 신청제출 → 사업자등 록 신청/정정) 위 메뉴에서 즉시 신청이 가능한데, 만약 급한 건인 경 우 신청 후 몇 시간 후에 담당 세무공무원에게 연락해서 빠른 처리를 부탁하면 대부분은 빨리 처리가 된다. 이 때 중요한 포인트는 호칭을 정확히 불러주는 게 중요하다. 통상 구청은 주무관, 세무서는 조사관으로 부르는데, OOO 조사관님! 이렇게 호칭을 제대로 부르면 담당 공무원이 민원처리 여러 번 해본 사람(?)으로 인식하고 가급적 빨리 처리해 준다. 말 한마디에 천 냥 빚을 갚는다고 했다. 매너 있고 공손하게 부탁하면 다 사람이 처리하는 일이니 대부분 빠르게 처리된다.

임대 필살기 3. 대중과 반대의 길을 가기!

워런 버핏은 '공포에 사서 탐욕에 팔라!'는 유명한 투자 철학을 말했다. 대중과 반대의 길을 간다는 것은 말이 쉽지 아무나 하지 못한다. 부동산도 주식과 마찬가지로 심리가 크게 작용한다고 생각한다. 코로나19가 가장 극심했던 2020년 초, 마스크와 손소독제로 무장(?)하고 홀로 일부러 임장을 다녔다. 이 때 부동산 폭락 전망, 대공황론, 경제위기론 등이 신문, 방송이나 인터넷, 유튜브에 도배가 되는 시기였다. 대중과 반대의 길을 가는 것은 참 외로운 싸움인 것 같다. 당장 큰 수익을 얻고 많이 버는 것보다 '끝까지 살아남는 자가 승자'라고 생각한다. 뜨거운 시장 속에서 냉정을 찾아야 하고, 남들이 공포에 떨고 있을 때 용기를 내는 것은 참으로 많은 훈련이 필요하다.

채우는 것은 지식이요! 비우는 것은 지혜와 명철임을 명심하자!

.

혼자 임장을 다니면서 두렵기도 했지만, 경쟁자들이 워낙 많아서 이 때가 아니면 좋은 물건을 찾기가 어렵다는 판단에 열심히 임장을 다닌 끝에 인테리어에만 약 1억 5천여만 원 정도를 쏟아 부은 좋은 코너 호실을 매입했다.

나는 지식산업센터 호실을 볼 때 뷰를 가장 신경 써서 본다. 그런데 이 때 매입한 호실은 층수가 낮아서 뷰가 좋지는 않았지만 인테리어가 워낙 훌륭하게 되어 있어서 사무실을 구경하고 나오는 순간 내가 가장 신경 써서 보는 '바깥 뷰'가 생각나지 않았다. 이 때 깨달은 것이 약점을 어떻게 극복하느냐에 따라 상품이 달라진다는 것이다. 층수가 낮아 뷰가 좋지 않은 단점을 역대급 인테리어로 승화시켰다.

임대 필살기 4. 지하라고 다 같은 지하가 아니다!

부동산에서 지하라고 하면 대부분은 쳐다보지도 않는다. 그러나 지하1층이 꼭 필요한 수요층도 있다. 물건 상, 하차가 쉽고 지상 1층에서 지하1층까지 진출입이 편리한 곳을 찾는 임차 회사들이 꼭 있다. 성수동은 도소매 업체들, 동대문에서 넘어오는 의류업체들 수요층도 많다. 의류 같은 경우 햇빛에 노출되면 안 되니 물건 상, 하차가 쉽고 공기순환이 잘 되는 약간 반지하급 지하1층을 선호한다.

[그림 42. 성수동 L지식산업센터 지하1층 주차장]

위 사진에서 보는 것처럼 진출입이 매우 편리하고, 사람들의 통행로도 확보되고, 공기순환도 잘 되고, 상, 하차가 쉬운 지하1층은 상당히 매력적인 호실이다. 이런 곳이 바로 숨어있는 블루칩이다.

꿀팁!

지식산업센터 내 편의점은 대부분 독점 편의점이다. 그러나 지식산업센터 내 편의점의 가장 큰 약점은 바로 직원들이 퇴근하고 없는 야간, 주말, 공휴일 매출은 꽝이라는 점이다.

그러나 가끔씩 대로변에 붙어있는 1층 편의점 자리가 나오기도 한다. 이런 자리는 직원들이 퇴근하고 없는 야간, 주말, 공휴일에도 매출이 나온다. 이런 곳에 만약 로또 기기를 임차시키면 '황금 알을 낳는 거위'가 된다. 필자가 항상 눈에 불을 켜고 보는 곳이 바로 이런 편의점 자리다.

임대 필살기 5. 호실 쪼개기로 수익률 확 올리기 신공!

[그림 43. 조개구이 전문점 사진]

인터넷에서 우연히 발견한 사진인데 이 사진을 보고 아이디어가 떠올랐다. 바로 호실 쪼개기다. 〈그림 44〉에서 1101호실은 한강 뷰가 가능한 호실이었다. 이 호실 중간을 칸막이로 막고 2개 호실로 나누면 보증금 및 임차료를 두 군데에서 받을 수 있다. 한마디로 수익률이 확 올라간다. 또 다른 방법은 1/3은 본인이 사용하고 나머지 2/3를 임대를 주면 관리비 및 대출이자는 임대료로 충분히 충당할 수 있다.

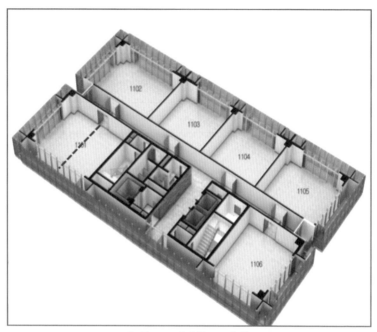

[그림 44. 2개 호실로 쪼개기]

위 1101호실 평수가 약 40평 정도 되는데, 본인이 10평 정도 만 무료로 사용한다고 해도 상당히 매력적이다.성수동 역세권 + 한강 뷰가 가능한 실 평수 10평대는 월 임대료만 약 100만 원이 넘는다. 실입주자 입장에서는 이런 방법을 사용하면 월 100만 원 은 아낄 수 있다.

임대 필살기 6. 역세권 논쟁? 터푸가이 윤대표가 정리한다!

우리가 흔히 말하는 1차 역세권은 역에서 반경 250m이내의 범위를 말하고, 2차 역세권은 250~500m이내의 범위를 실무에서는 역세권이라고 말한다.

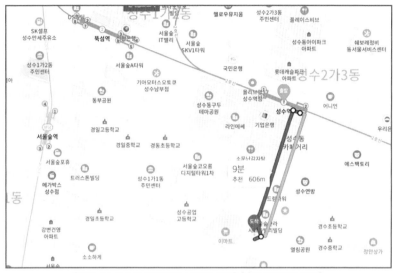

[그림 45. 성수동 연무장길 네이버 지도] [출처 : 네이버 지도]

위 사진에 도착지로 표시된 빌딩은 역에서 약 600m, 도보로 9분이 걸린다. 여기가 역세권인가? 만약 역세권이 아니라면 왜 역세권이 아니라고 생각하는가? 나는 여기를 단연코 역세권이라고 본다. 그이유를 아래 사진이 보여준다. 성수역에서 도착지로 표시 된 빌딩까지 사거리가 2개, 횡단보도가 2개나 있는데, 이곳은 신호가 없는 횡단보도다.

[그림 46. 성수동 연무장길 거리 뷰 지도] [출처 : 네이버 지도]

즉, 이곳은 신호등이 없어서 출, 퇴근 시 도보로 빠르게 회사로 이동이 가능하다. 이곳을 필자는 수십여 차례 다녀봤는데, 남자 걸음으로 약 6~7분 거리다. 역세권을 계산할 때는 꼭 임장을 통해 직접 걸어보고 결정하라! 역에서 500미터 이내에 있는데, 신호등이 2개나 있는 곳은 역세권이라고 생각하는가?

지식산업센터 급매를 잡으면서 느낀 주의할점 세가지

첫째, 큰 걸 얻었으면 작은 것들은 과감히 포기하라!

> 대가를 지불하지 않아도 되는 일은 아무런 가치가 없다.
>
> - 아인슈타인

급매로 물건을 싸게 매입했으면, 몇 만 원 ~ 몇 십만 원 가지고 매도인과 다투지 말고 양보하는 미덕이 필요하다. 하수들은 천 원, 만 원 단위에 집착하고 큰 그림을 보지 못해 소탐대실하게 되는 경우가 있다. 사소한 것에 목숨 걸지 말자!

둘째, 급매는 매도자 입장에서는 팔고 나면 항상 짜증나는 상황이다.

> 검소하지만 누추하지 않고, 화려하지만 사치스럽지 않다.

검이불루, 화이불치(儉而不陋, 華而不侈,) 나는 잔금일 당일 매도자와 만날 때 상대방의 비위를 어느 정도 맞춰주는 센스(?)를 발휘한다. 내 목표는 싸게 매입 후 계약은 빠르게 마무리하는 것이다. 상대방의 입장에서 생각하라는 말은 귀에 못이 박히도록 들었는데, 부동산에서도 마찬가지다. 매도자 입장에서는 잘 팔았든 못 팔았든 항상 아쉬움이 남는다.

이 마음을 조금만 헤아려줘도 나이스하게 마무리가 가능하다.

셋째, 애매한 문제들에 대해 아무 말 하지 말아라.

예전 KBS 개그콘서트 프로그램 중 애매한 것들을 정해주는 '애정남'이라는 프로그램이 인기였다. 계약서를 쓰거나 부동산 거래를 할 때, 애매할 때는 아무 말도 하지 않는 게 가장 좋다. 이 때 나서서 해결하라고 부동산 중개인이 있는 것이다.

필자가 두 번째 지식산업센터를 매입할 때 중랑천 뷰가 너무 좋아서 혼자서 들떠 있었다. 매도인과 계약서 작성 시 원래 매도인이 회사 이사 문제로 약 2주 간의 렌트프리를 요청했는데, 내가 단독으로 1달간 무료로 지내시라고 말을 내뱉었다. 매도인의 원래 취지는 관리비는 본인이 내고 월세만 2주간 무료로 해달라는 것이었는데, 내가 순간적으로 한 달간 무료로 지내시라고 했으니 매도인이 엄청 좋아했었다. 그러나 한 달이면 대출이자 및 관리비만 약 200만 원이 넘게 나가는 대형 평수였다. 계약서 작성 후 부동산 문을 나서자마자 두 여자의(부동산 중개인 사장님과 와이프) 레이저 눈빛과 등짝 스매싱이 나를 기다리고 있었다. 잔금 시까지 설레발치지 말라고 엄청 욕을 먹었었다. 이 사건 이후 나는 부동산 계약 시 애매한 일이 생기면 아무 말도 안한다. 내가 아무 말 안해도 누군가가 일을 처리한다.

#2 수익률 표

대출	XX%	비고
고급평형	40.76	
전용평수	20.58	서비스면적 3평
평단가	1,344	
매매금액	54,800	
대출금	47,700	
대출이율	3.04%	3년 고정
대출이자	121	
임대료(vat-)	200	부가세 별도
월 순수익	79	
평당수익	4.9	
취등록세	2,521	카드납부
부동산중개료	543	매매가 X 0.9%
법무비 +선수관리	107	
부가세	3,397	45일 이후 환급
임차보증금	3,000	
인테리어	1,309	
필요자금 (잔금시)	11,976	
수익률	11%	
최종투자금	8,579	

[그림 47. 수익률 표]

위 표는 성수동에서 가장 스탠다드형 평형인 분양 40평 / 전용 20

평 호실의 투자금 및 수익률을 정리한 표다. 필자는 항상 위와 같이
전체 모든 항목을 표에 표기한 후 수익률을 호실별로 관리한다.

	임대방식	
	2개 호실	통 임대
대출(%)	XX%	XX%
고급평형	54	54
전용평수	34	34
평단가	1,302	1,302
매매금액	70,000	70,000
대출금	63,000	63,000
대출이율	2.83%	2.83%
대출이자	149	149
임대료(vat-)	240	200
월 순수익	91	51
평당수익	4.5	3.7
취등록세	3,220	3,220
부동산중개료	693	693
법무비 +선수관리	170	170
부가세	2,500	2,500
임차보증금	6,000	3,000
필요자금	7,583	10,583
수익률	22%	8%
최종투자금	8,579	8,083
투자자본율	7%	12%

[그림 48. 수익률 표]

위 수익률 표는 전용 34평 기준으로 한 개 호실을 통으로 임대줄 때와 둘로 쪼개어 임대를 줄 경우를 비교한 수익률 표다. 수익률 표에 대한 자세한 설명은 아래와 같다.

평 단가 : 매매금액 7억 / 54평 = 1,302만 원

임대료 : 240만 원(부가세 별도)

월 순익 : 임대료 240만 원 – 대출이자 149만 원 = 91만 원 (부가세별도)

평당 수익(2개 호실 합) : 임대료 240만 원 / 공급 54평 = 4.5만 원

취등록세 : 매매금액 7억 X 4.6% = 3,220만 원

법무비+선수관리비 : 법무 등기비용 + 관리비예치금으로 통상 매매가 7억 원 기준으로 약 150만 원 비용 발생

부가세 : 건물분 부가세로 매매가의 약 5% 내외로 매수인이 부가세납부 후 조기환급신청하면 약 45일 이후에 환급 가능

임차보증금 : 2개 호실 각 3,000만 원 임차보증금을 받아서 총 6,000만 원

필요자금 : 매매잔금 시 필요한 금액

수익률 : 월 순수익 X 12개월 / 최종 투자금

최종 투자금 : 부가세 약 2,500만 원 환급 후 최종 순투자금

자기자본비율(Equity) : 최종투자금 / 매매금액

성수동 지식산업센터 부동산 중개인의 마음을 얻는 전략

나는 부동산 거래를 하면서 단 한 번도 부동산 중개료를 깎아 본 적이 없다. 부동산 중개료를 깎으면 다음에 나에게 좋은 물건이 올 기회가 줄어든다고 보면 된다. 나는 특히 부동산 중개료를 보통 잔금일 하루 전에 입금한다. 어차피 줄 돈인데, 미리 주면서 생색 (?)낼 수도 있고 하루 차이로 중개인의 마음을 얻을 수도 있다.

요즘에 워낙 인터넷 및 애플리케이션이 잘 발달되어 있어서, 웬만한 사항들은 내가 정보 조회를 해서 알아내고 처리한다. 부동산 중개인들이 다루는 물건이 하루에만 해도 수십~수백 개인데, 물건별로 디테일한 내용까지 다 알 수는 없다. 만약 매수인이 부동산 중개료를 하루 전에 입금하고, 웬만한 일 처리를 혼자서 하는 스타일이라면 좋은 물건이 나왔을 때 누구한테 그 물건을 주는 게 중개인 입장에서 편하겠는가!

#4 정량적 판단 지표

투자 수익 (만원)			
	수익률	투자금	월 수익금
서울숲XXX	17%	13,400	185

평가점수 (100점 만점)						
수익률 (30)	역세권 (20)	공실 (10)	강남거리 (코엑스) (10)	연면적 (편의시설) (10)	건축연식 (10)	인테리어 전망(뷰) 코너여부 (10)
27	15	6	8	4	10	8

총합		
총점	등급	비고
78	A-	- 층고 : 4.2M - 인테리어 : 1억 투자됨 - 코너 호실 - 뷰 : 보통

수익률												
	8%	9%	10%	11%	12%	13%	14%	15%	16%	17%	18%	19%	20%
점수	18	19	20	21	22	23	24	25	26	27	28	29	30

역세권					
	10분 이상	10분 이내	8분 이내	5분 이내	3분 이내
점수	10	13	15	18	20

더블 역세권 : 총점 X 2
가산점 순위 : 2호선 > 9호선 > 3호선 > 7호선

공실					
	4개월 이상	3개월 이상	2개월 이상	1개월 이상	임차인보유
점수	2	4	6	8	10

강남거리					
	20km 이상	15km 이내	10km 이내	5km 이내	3km 이내
점수	2	4	6	8	10

연면적						
	3천평 이하	3천평 이상	5천평 이상	1만평 이상	2만평 이상	3만평 이상
점수	1	2	4	6	8	10

건축연식						
	10년 이상	10년 미만	7년 미만	5년 미만	3년 미만	신축
점수	1	2	4	6	8	10

투자고려 기준 :
뷰 / 코너 호실 / 인테리어 / 주차장 / 편의시설 / 건물관리 상태 / 건물 임차인 회사 Quality /
엘레베이터 보유 수 / 층고

평가등급							
	B-	B	B+	A-	A	A+	S
점수	65 이상	70 이상	75 이상	80 이상	85 이상	90 이상	95 이상

[그림 49. 정량적 판단 분석표]

　가끔 좋은 물건들이 동시에 여러 개 나오면 어느 것이 가장 베스트 선택지가 될지 고민이 많았다. 순간의 선택이 수익률을 좌우하기 때문에 매순간 초 집중을 하면서 계약에 임한다. 나도 부동산 짬밥 좀 먹었다고 할 수 있지만, 그래도 빠르고 정확한 판단을 위해서 한 장으로 요약된 정량적인 평가 모델을 직접 만들었다. 표 상단 왼쪽은 투자수익 및 수익률을 나타내고, 표 상단 가운데는 100점 만점을 기준으로 각 항목별 점수를 매길 수 있게 되어 있다. 마지막으로 표 상단 우측은 총점 및 최종 등급을 볼 수 있다. 그 외에도 참고할 만한 변수들은 표 하단에 디테일 하게 기록했다.

#5 정성적 판단 지표

	SWOT	성수동	구로가산
현재상황 As Is	S 강점	-매매가 지속적 상승유력 -강남접근성 A급 위치 -역세권, 2호선, 서울 중심지	-매매가 상승추세 -투자 가성비 우수 -역세권, 2호선, 7호선
	W 약점	-높은 매매가 (신축 평당 1,600만원 이상) -상대적으로 낮은 수익률	-저렴한 임대료를 찾는 수요 급증 -평당 임대료 저렴
미래상황 To be	O 기회	-강남에서 유입되는 우수 임차인 수요 증가 -잠실 MICE, 영동대로 복합개발 호재	-G밸리 형성으로 신규기업 유입 -신안산선, 넷마블 호재
	T 위협	-지식산업센터 신축물량 증가 -영등포, 가양, 문정동 경쟁자 위협요인	-지식산업센터 신축물량 증가 -경쟁력 없는 경우 공실 발생
임차인		-강남보다 싸지만 강남권 입지 -서울 숲, 성수동 핫 플레이스	-임대료 싸게 장땡 -서부권의 핵심 오피스 상권

[그림 50. 정성적 판단 SWOT]

내가 부동산을 종합예술이라고 말하는 이유는, 정량적인 숫자로 분석도 해야 하지만 숫자로는 알 수 없는 여러 가지 정성적인 요소들이 복합적으로 작용하기 때문이다. 필자도 MBA에서 경영학을 전공했지만, 부동산 분석은 각종 어려운 분석 툴 보다는 SWOT분석(기업의 내부 환경과 외부 환경을 분석하여 강점(strength), 약점

(weakness), 기회(opportunity), 위협(threat) 요인을 규정하고 이를 토대로 경영전략을 수립하는 기법)이 가장 좋다고 생각한다. 강점 및 약점으로는 현재 상황에 대한 핵심적인 것들을 기록해보고, 기회와 위협 요인은 향후 미래가치에 대해 기록하여 분석해보면 된다. 마지막으로 실수요층인 임차인 입장에서도 기록해보면 전체적으로 파악할 수 있다. '지피지기면 백전백승, 백전불태'라고 하지 않았는가! 정량적, 정성적 분석을 하고 들어가면 실패할 확률이 낮아진다. 다시 한 번 강조하지만 성공하는 것보다, 일단 실패하지 않는 게 중요하다. 필자도 잠을 줄여가면서 주경야독을 수년간 해봤지만, 배움에는 정말 끝이 없다.투자는 그냥 감으로 하는 것이 아니라, 수많은 시행착오와 공부, 실패, 실전 경험 능력치가 중요하다.

#6 지식산업센터 투자
10가지만 기억하면 실패하지 않는다!

01. 수익형 상품 중 수익률 + 매월 현금 + 관리 편의성 = 지식산업센터

02. 실패하지 않는 지식산업센터 3가지 = 강남 핵심지에서 물리적 거리 + 역세권(2,9호선) + 일자리 창출 지역

03. 서울 핵심지역들에서도 급매로 수익률 좋은 물건 매수 가능

04. BUT! 역세권 핵심지에서 벗어나면 공실의 위험이 높으니, 반드시 임장을 통해 공실 위험도 확인 필수

05. 연예인들이 어느 지역에 주로 투자하는지 관심 있게 지켜보기

06. 정부 및 대형 건설사에서 밀어주고 있는 부동산 상품은 지식산업센터

07. 지식산업센터 실입주 기업은 세재 혜택도 있고 대출이 잘 나온다

08. 만약 외부적인 충격으로 위기가 오더라도 역세권 + 인테리어가 잘 되어 있으면 공실의 리스크를 많이 줄일 수 있다

09. 무슨 일이든 사람 상대가 제일 힘든 부분인데 지식산업센터는 임차인 스트레스가 거의 없다(처음 계약서 쓸 때가 중요)

10. 평균 오류 함정에 빠지지 말고 지식산업센터 전문가의 말도 검증을 통해 꼭 확인해야 하기. 부정적으로 말할 때 이곳에 뜻밖의 보물이 숨어 있을 수 있다.

터푸가이 윤대표의 생활 신조 및 마음가짐

중용 23장

작은 일에도 무시하지 않고 최선을 다해야 한다

작은 일에도 최선을 다하면 정성스럽게 된다

정성스럽게 되면 겉에 배어 나오고

배어 나오면 겉으로 드러나고

겉으로 드러나면 이내 밝아지고

밝아지면 남을 감동시키고

남을 감동시키면 이내 변하게 되고

변하면 생육된다

그러니 오직 세상에서

지극히 정성을 다하는 사람만이

나와 세상을 변하게 할 수 있는 것이다.

에필로그
후기
Q&A

수강생들 후기 모음

1.터푸가이님 '지산으로 월세550만원 받는 법' 세미나 후기
by. 다니엘스님(2020. 05. 09)

확고한 투자 철학과 원칙 유지

정확한 팩트 체크로 투자 확신

과감한 투자 결정과 실행 능력

세미나에서는, 정보력 + 실행력 + 자금력을 성공적인 투자 3대 요소라고 하셨는데 본인이 이 3대 요소를 몸소 100% 실천하고 계셔서 참 인상 깊었습니다.단순한 부동산 뉴스 수집러가 아닌 본인이 확인 가능한 데이터를 이용하여 팩트로 검증하신(조져버리신^^) 후 현 경제/부동산 상황에 대한 자신만의 투자 확신을 높여 나가시는 과정을 보면서 쉽게 편안히 부동산 투자에 임하려고 하는 제 모

습을 돌아보게 했습니다.

객관적인 데이터를 통해서 지산투자 여부/시기/지역에 대한 확신을 가지고 싶어 하시는 분들, 강사의 체험적 스토리를 통해 동기부여가 필요하신 분들, 두 유형에게 모두 유익한 강의입니다. 사례가 구체적이고 설명이 쉬우며 군데군데 특유의 유머를 섞어 놓으셔서 강의 2시간이 쓱싹 지나갔습니다. 그럼에도, 거시경제 + 부동산 전문 지식이 나오므로 부동산 매매 경험자들이 좀 더 잘 흡수 가능할 것 같습니다. 특히 본업에 집중해야 하는 직장인 분들이 활용할 수 있는 팁과 노하우가 풍부한 것이 이 강의의 미덕입니다.저 정도 하면 월 천 이상 받아도 받을 가치가 있는 최대한의 노력을 하였고, 혹여 최악의 경제 시나리오가 발생하더라도 리스크가 위험한 수준에 도달하지 않을 것 같은 안정감까지 느꼈습니다.

2. 터푸가이님 강의 후기
by. 보물선님(2020.05.09)

제가 다니는 직장의 특성상 휴무가 아니었지만 터푸가이님 강의를 듣기 위해 반차를 사용하고 강의를 수강하게 되었습니다.(뒤풀이에서 수강생들이 자기 소개하는 시간이 있었는데 강의를 듣기 위해 창원(?)에서 올라오신 분도 있더군요!) 그런데 막상 강의가 시작되어 강의를 들어보니 정성들여 준비한 강의 자료 등 강의의 퀄리티가 굉장히 높았으며(부동산 관련 강의를 듣고 책을 구입하는 데 비용을 아끼지 않고 부동산 관련 공부를 상당히 많이 하셨고 상권관련 강의를 하시는 옥탑방 보보스님처럼 대기업 유통 업체에서 상권 개발 업무를 하신 경력이 있으셔서 부동산을 매입하실 때에도 회사에서 업무를 하는 것처럼 철저하게 분석해서 진행하시는 것을 알 수 있었습니다) 지식산업센터에 대해서만 강의를 하실 것으로 생각했는데 아파트, 대출, 청약, 경매, 공매 등 부동산 전반에 대한 이해가 상당히 높은 수준에 있음을 느낄 수 있었습니다.

3. 터푸가이님 강의 후기!
by 프로페샤날님(2020.05.09)

오후에 지산 무림고수 터푸가이님 강의를 듣게 되었습니다! only 지산 수익형으로 월 천 이상 받으시게 된 경험과 유익한 정보들을 듣게 돼서 정말 뜻깊었던 시간이었어요. 서울 대장주 전략으로 투자하시는 게 인상 깊었어요! 직장인이신데도 지산뿐만 아니라 그 전에 공매 등 다양하게 부동산 투자를 하시고 전문 지식이 정말 넘치셨어요. 그동안 부동산 투자 공부에 얼마나 노력하셨는지 느껴졌습니다. 부동산 강의로만 약 1500만 원을 쓰셨다고 하니 말 다했죠. 터푸가이님이 강의 해주시면서 부동산 투자에는 분석이나 공부도 물론 좋지만 가장 중요한 건 실천이라고 한 말이 정말 공감됐어요. 대부분의 사람들은 이론 지식은 풍부한데 리스크 때문에 막상 실천하지 못하는 것 같아요. 하지만 리스크는 피하는 것이 아닌 관리하는 것이라 생각하기에 관리하는 법을 안다면 실천과 추진력에 더욱 자신감을 가질 수 있을 것이라고 생각해요. 다음에 또 강의 하신다고 했는데 부모님, 지인들에게 추천하고 싶을 정도로 만족도 100%! 입니다. 수익형vs차익형 투자에 항상 고민이 많았는데 수익형 인사이트를 많이 얻고 가는 것 같아 좋았습니다. 강의 준비해주신 아투연 관계자님들, 터푸가이님 정말 감사드립니다~!

4. 강의후기 - 지산투자로 월세550만원 1년만에 달성하기
by 제이막(2020.05.09)

오늘 터푸가이 윤대표님께서 강의하신 "지산 투자로 월세 달성하기"는 소액을 내고 듣기에는 너무 미안할 정도로 콘텐츠가 질적인 측면에서 아주 고퀄리티였습니다. 특히 직장인으로서 현업에 근무 중인 상태에서 어떻게 여러 건의 실전 투자를 단기간에 실행에 옮길 수 있었는지, 그리고 실전 투자에서 참고 및 응용할 수 있는 여러 가지 노하우를 아낌없이 나눠 주셔서 다시 한 번 감사드립니다.

1. 안정적이고 여유 있는 노후 준비를 위해 여러 가지 수익형 부동산들을 알아보고 투자를 계획 중인 분들에게는, 왜 지식산업

센터투자가 수익률과 미래 전망 측면에서 가장 뛰어난 분야인지, 분야별 장단점 비교를 통해 일목요연하게 알 수 있었고, 다시 한 번 확신을 갖게 되었습니다.

2. 실제로 투자할 때 참고해야 할 여러 가지 노하우들은 (예: 대출을 극대화하는 방법, 손품에 필요한 여러 툴과 웹사이트들, 블루칩 체크리스트, 법인 대출 노하우, 인테리어의 중요성, 심지어 광각 촬영의 이점이나 향기 마케팅 활용 등등), 앞으로 실전 투자에서 정말 소중하게 활용할 수 있을 것 같습니다.

3. 리스크 관리 측면에서 어떤 입지의 지산이 가장 경쟁력이 있을지 반드시 체크해야 하는 항목들을 나열하고 수치화해서 분석하고 결정하는 과정, 그리고 급매의 가성비를 따져 결정을 내리고 매수를 성공시키는 일련의 과정들은 앞으로 많은 도움이 될 것 같습니다.

4. 수많은 지식산업센터 중에서 A급지와 A급 물건을 파악하는 데에 도움이 되는 핵심체크 항목들을 잘 요약해 주셔서, 이를 잘 활용하면, 현재의 수익률뿐만이 아니라 미래의 차익 측면에서도 매우 안정적이고 편안한 지산 투자를 할 수 있게 도와주는 등대와 같은 역할을 할 듯 합니다.

5. 터푸가이님 강의후기
by 카몽(2020.05.09)

오랜만에 아투연 세미나에 참석했습니다. 온라인 신청이 거의 10분 안에 마감되는 것 같았어요. 비 오는 날씨였는데, 강의장 열기는 뜨겁게 많은 분들이 참석하셨더라구요. 일단, 테마가 너무 좋았구요.^^ 터푸가이님 샘플 영상 보고도, 엄청 알차겠다는 느낌을 받았어요. 저는 이런 분들이 젤 부럽더라구요. 회사 생활이 곧 투자 공부 하는 직종. 터푸가이님도 회사에서 배웠던 게 투자 활동에 도움 되셨다고 해요. 그러니, 얼마나 잘 하시겠어요. 데이터로 팩트 분석하는 꼼꼼함 급매를 보는 눈과 실천력 투자 기준과 놀라운 성과, 지산 외에도 투자 경험이 많으시고, 멋지십니다! 직장인이기에 더요~ 발품 임장이 때론 사치이기도 했다는 말씀에.. 한 번 더 배웠습니다. 고수님의 투자 경험을 나누어주는 강의를 기획 해주신 아투연에도 감사합니다. 투자를 지속하는데 도움 되고 감사합니다.

6. 터푸가이님 강의 후기입니다
by 또또 (2020.05.10)

오늘 터푸가이님께서 귀하고 값진 내용들 나눠주셔서 감사합니다. 두루 뭉실 이론 강의나 홍보가 아닌, 바쁜 시간과 한정된 돈을 쪼개어 투자하고 계시는 실전의 노하우, 팁, 애로 사항들을 들어보고 싶었는데 기대했던, 아니 기대 이상의 강의였습니다. 강의 며칠 전 사전 통화로 수강자들의 니즈를 파악하시고자 하시는 수고로움까지 마다하지 않으심이, 오늘 강의의 퀄리티를 보니 고개가 끄덕여졌습니다. 꼼꼼히 준비하셨고 정성을 다하심이 느껴졌습니다. ppt 역시도 디테일하게 재미있게 만들어주셔서 전혀 지루하지 않고 두 시간이 한 숨에 지나갔어요.

창원에서 올라온 수고로움이 전혀 아깝지 않은 하루였습니다.'즉결즉행'에서 둘째가라면 서러운 저인데, 지산에 발 담가도 될 것 같다는 믿음이 들었습니다. ^^

7. 터푸가이님 강의후기
by 소탱(2020.05.10)

- 부동산 강의 비용 아까워 하지말자

- 탄탄한 수요층으로 향후 흔들리지 않을 입지를 공략하자

- 전문 투자자가 아닌 직장인이 어떻게 시간을 투자할까

그 동안 1,500만 원 이상의 어마무시한 부동산 강의 비용을 지출하면서 얻게 된 지식과 손품, 발품을 팔아가며 스스로 체득한 실전 경험의 노하우를 아낌없이 대방출하신 터푸가이님, 제가 선호하는 투자처인 성수 지역에 대해 더 집중적으로 다뤄주셔서 좋

앉으며, 특히, 대출을 받을 때는 '부지점장'이상 급을 다이렉트로
컨택하라는 터푸가이님의 말씀은 개인적으로는 이번 강의에 있어
백미가 아니었을까 하는 생각을 해보았습니다. ^^ 터푸가이님 강
의가 조만간 또 있을 예정이라고 하는데요. 직장인분들이 들으면
더할 나위 없이 좋은 강의인 듯 싶습니다. 터푸가이님 강의 준비하
느라 수고 많으셨다는 말씀 다시 한 번 드리며, 아투연 스탭분들께
도 늘 감사드립니다. ^^

8. [월세 550만원받기강의후기] 터푸가이님 정도 노력 해야 월세 550만원 받을 수 있다!!!(부제 : 성수동 아직 들어가도 될까요?)
by 아투연 장대표(2020.05.10)

첫째, 지식산업센터를 분석하는 힘

사실 부동산 투자를 정말 처음 하는 분들은 지식산업센터에 투
자나 실입주를 할 때 항상 하시는 질문이 있습니다. 지식산업센터
는 주택 투자를 막고 있는 정부에서도 고용 창출과 세금 때문에 밀
어줄 수밖에 없는 사업이다. 그래서 규제가 완화되고 수많은 지식
산업센터가 생기기 시작했다. 처음에는 3군 건설사들 그리고 지금
은 1군 건설사들도 뛰어들기 시작해 1,000개 이상의 지산이 생겨
포화 상태이다. 그럼에도 불구하고 서울 땅의 3.3%만 지산이 생길 수
있는 땅이다 (준공업용지) 그러면 결국 이렇게 입주량이 제한되고 임차
인이 맞춰질 곳에 투자를 해야 한다.

그런 곳(성수, 구로)는 이미 가격이 많이 올라서 투자를 못할 것이다 버뜨! 실제로 가보니 급매도 있고 투자 수익률이 생각보다 괜찮은 곳이 있었고 => 나는 투자해서 월세 받고 있다!! 위의 가설과 실제 사실에 근거해서 터푸가이님은 실제 움직이셨고 좋은 결과를 만들어내었습니다.

둘째, 수많은 현실적인 꿀팁들

지산 투자에 있어 임차인을 맞추는 작업은 모두가 어려워합니다. 그래서 결국 투자자분들의 경우는 임차인분들이 있을 지역에 가서 투자를 해야 합니다. 다만 아무리 임차인들이 많이 있을 것 같은 문정/ 성수/ 구로의 경우도 공실인 경우가 있습니다. 이러한 공실을 사전에 방지하는 인테리어 방법과 어떤 호실에 투자하여야하는지 그리고 추후 매도를 하기위해서는 어떤 방향과 뷰를 선정해야하는지 강의 때 풀어주셨습니다. 저는 지식산업센터 실사용자 겸 임차인까지 직접해봤기에 터푸가이님이 지식산업센터에서 실제 생활을 해보시지 않았는데도 어떻게 저렇게 잘 알고 있을까.. 대단하다 싶을 정도로 디테일한 임차인들의 마음을 보여주는 강의였습니다.

9. 터푸가이님 세미나 후기
by 함부로 2020.05.11

　강의장에 한참 늦게 갔는데도 아투연 스탭분들이 자리를 잘 마련해주셔서 강의를 잘 들을 수 있었구요. 다른 분들 후기처럼 저도 그냥 투자 성공하신 분의 경험담 듣는 자리인 줄 알고 갔다가 너무 전문적이고 수준 높은 강의를 들어서　깜짝 놀라고 매우 만족스러웠습니다. 오랜 시간 강의 준비를 하신 터푸가이님의 노력과 열정이 드러나는 강의였구요. 저런 열정이 있으셨기에 지금도 서울 주요 지역에 지산 급매를 사서 월세를 만드실 수 있으셨구나 하고 절로 고개가 끄덕여졌습니다.

10. 터푸가이현님의 [직장인이 1년만에 지식산업센터로 월세 550만원 달성한 진짜 이야기] 후기
by꼰블리 (2020.05.11)

　부동산에 대해서 잘 모르는 초보라서 1인 기업 아카데미에서 진행되고 있는　강의를 시간 될 때마다 듣고 있습니다. 직장을 다니시면서 월 수익! 지식산업센터 위주로, 그것도 인서울권으로 투자를 하고 계시는 터푸가이 현님의 강의는 다른 강의보다 쉽게 이해가 되었고 실행 가능하겠다는 확신이 섰습니다. 법인 설립하기 전에 개인 자격으로 실행을 해보라는 것, 가장자리부터 물이 마를 것이라는 것, 첫 대출을 활용할 때 센 것을 하라는 것 등, 많은 팁을 얻었습니다. 개인적으로 PPT 내용을 너무 재밌게 꾸미셔서 중간 중간 많이 웃었고 지루할 틈이 없었습니다. 항상 좋은 강의를 마련해 주시는 장대표님과 재밌는 강의를 진행해주신 터푸가이 현님께 감사드립니다.

11. 성수동 투자 전략(터푸가이님 세미나 후기)
by 아투연임회계사 (2020.05.12)

터푸가이님의 초기 투자는 청약, 경매 들을 활용하여 투자금을 늘리는데 주력하셨습니다. 그 다음 터푸가이님의 전략은 싸게 사기였습니다.성수동은 임대료에 비해 가격이 비싸기 때문에 수익률을 맞추려면 최대한 저렴하게 사야합니다. 싸게 사는 방법은 경매도 있지만 성수동같이 매력적인 물건들은 경매로 잘 안 나옵니다.

그래서 터푸가이님은 꼭 급매만 잡으셨습니다. 사실 성수동처럼 인기 있는 곳에서 급매를 잡기는 정말 쉽지 않습니다. 그런 경쟁을 뚫고 급매물을 쟁취할 수 있었던 비결과 노하우들을 아낌없이 알려주셨습니다. 매도자의 상황과 표정을 읽어내서 딜을 쳤던 에피소드는 아직도 잊히지가 않네요.

12. 터프가이님 강의후기
by 서울숲님(2020.05.23)

성공한 사람들의 공통점은 '집중'과 '열정' 인 것 같아요. 오늘 터프가이님의 강의를 들으니 '지산이 아닌 어떤 분야에 관심을 가지셨던 성공할 분이다' 라는 생각이 들었어요. 꼼꼼한 강의 준비도 기대 이상이었으며 특히 제 최고 관심 지역 성수에 대해서 공유해주신 많은 정보들 정말 유익했습니다~^^!! 올크레딧 등을 통해 개인 신용도 점검하기, 감정평가 유리하게 받는 법. 각 사례들 모두 큰 도움이 되었습니다.

13.터푸가이현님 강의 후기.. 기대하긴 했지만...
by 이글루님(2020.05.23)

부동산에 대한 전반적인 분위기, 전망, 코로나19 등 사회적 현상, 사람들 심리에 따라 앞으로 어떻게 흘러갈 것인지 터푸가이 현님이 직접 만드신 자료, 그래프들을 이해하기 쉽게, 그리고 재미있게 설명해주셨습니다.

막연한 두려움을 정량적 수치화를 통해 극복해야 한다는 말씀이 기억에 남네요. 요즘 코로나19 때문에 투자에 대한 두려움, 부정적 전망들이 난무하기 때문에 이럴 때일수록 스스로 알아보고 정리하고 수치화 하여 결론내고 행동해나가는 것이 중요하다 생각하는데요. 터푸가이 현님이 이렇게 지산을 투자하고 계시고 좋은 성과를 내고 계시기에 굉장히 와 닿는 말씀들이었습니다. 무언가로 성과를 내기 위해서는, 단기간이지만 폭발적인 집중과 몰입, 업무량이 필요하다고 느꼈습니다. 성수동 위주로 설명을 해 주셨지만, 서울 지도와 평당 가격, 앞으로의 전망 등을 통해 성수동 외에도 투자가치가 있는 곳들을 조목조목 잘 설명해주셨습니다. 연예인들의 투자법을 빠르게 파악한 뒤 따라하는 것도 좋은 투자방법이 될 수 있다는 점. 법인 설립에 대한 조언. 대출, 지산 투자처 선택 시 터푸가이 현님이 생각하는 priority 순위 , 임차인과 딜 방법, 공유 오피스 등 코로나, 포스트 코로나 이후 앞으로의 사회 분위기 예측 등등 피가 되고 살이 되는 주옥같은 말씀들이 많았습니다. 저도 두려움을 두려움으로 끝내지 않고 행동하는 데에 터푸가이 현님과 아투연 분들의 큰 도움을 받았다고 느끼며 가벼우면서도 무거운 발걸음으로 집으로 돌아왔습니다.

14. 터푸가이님 강의 후기
by 카라야님 2020.05.23

후기가 넘 좋아 신청했는데 왜 후기가 많았는지 알겠습니다. 게으른 저조차도 이렇게 후기를 쓰게 되니~ 일단 진정성 있는 강의 맞구요. 터푸가이님이 분양 관계자나 중개업자가 아니기에 허위나 과장이 없는 정말 투자자를 위한 알찬 정보를 많이 준비해주셨습니다^^ 특정 현장이나 매물을 홍보하지도 않으시구요. 우리가 유튜브를 볼 때도 거짓이 있는 내용은 거르게 되잖아요. 터프가이님 강의는 정말 100프로 본인의 경험을 바탕으로 만든 진정성

있는 강의가 맞습니다. 안 들으신 분들 정말 믿고 들으셔도 됩니다. 절대 수강료 아깝지 않다는 걸 느끼실 겁니다.

15.터푸가이님 강의 후기
by 엘리스님(2020.05.24)

홀러 홀러 카페 가입도 하고 처음으로 터푸가이님 강의에 참석하게 되었습니다. 터푸가이님께서도 직장인으로서 투자하셨기 때문에 더 와 닿았는데 그 열정과 분석력에 정말 감탄했어요. 대출, 취득세 납부, 신용등급 관리, 임차인 맞추기, 지역 선정, 공매 등에 대해 유용한 팁들을 많이 주시고 여러 가지 질문에 친절하게 답변해주셔서 감사했습니다.

16.터푸가이님 강의 후기
by 인원더랜드님 (2020.05.24)

아투연 세미나는 3번 다녔고 임장도 2회 갔었지만 게시판에 후기는 처음 적어봅니다. 저는 바쁜 일상 속에서도 나름 열심히 했다고 생각했는데. 갈 길이 엄청나게 멀다고 다시 한 번 느꼈습니다. 터푸가이님 같은 '열정+에너지+노력+센스+스마트함'이 있어야 성공한다는 걸 제대로 느꼈습니다. 터푸가이님이 다른 강의에 쓰신 1500여만 원의 강의료를 너무 싸게 들은 느낌이랄까요? 엑기

스만 쏙쏙?

지산을 고를 때 초역세권+수익률+코너 +뷰를 가장 중요시한다는 점과 실평수 20평대(분양평수 40평대)가 꿀이란 점. 그 외 카드사를 이용한 잔금 치루기 신공. 잊을 수 없습니다. '인간의 두뇌가 저렇게까지 돌아갈 수 있구나'를 느꼈습니다. 역시 아는 만큼 번다. 돈이 돈을 번다는 진리입니다. 그리고 센스는 돈 주고도 살 수 없는 것인데 센스가 탁월하신 듯. 저는 여태껏 뭐하고 산건지 ㅠ 진작에 좀 더 빨리 관심을 가졌어야 했는데요. 추천해주신 '청약365' 어플도 집으로 돌아오는 길에 바로 깔았습니다. ㅋㅋ 기존에 제가 깔아두었던 어플보다 훌륭하더군요! 정말 아투연은 진정성이 살아있는 보기 드문 커뮤니티입니다.

17.터푸가이님 강의 후기
by 야오야오님(2020.05.24)

오프라인 강의는 왔다 갔다 하는 시간이 많아서 온라인 강의만 주로 듣는데 이번에는 시간을 내어 갔다 왔습니다. 대출 잘 받고, 신용등급 올리는 방법은 상세했습니다. 자금이 부족한 경우 열심히 고민했던 흔적을 간접 경험할 수 있었습니다. 성수동 지산 투자와 관련해서 자신만의 분석 방법도 좋았습니다. 지산 투자와 관련하여 같은 입장에서 공감할 수 있는 부분이 많았고 터프가이라는 닉네임처럼 본인의 의견을 확실하게 말하고, 열심히 강의하신 모습이 좋았습니다. 계속해서 프렌차이즈 창업과 관련한 유튜브도 잘 보겠습니다.

18.터푸가이님 강의 후기
by 부재님(2020.05.25)

터프가이님 처음 강의 하셨을 때 다른 사람들의 후기를 보고 직장을 다니면서 저렇게 투자가 가능할까? 라는 호기심으로 터프가이님 강의를 신청하였습니다. 터프가이님 강의를 들으면서 지식산업센터, 청약, 법인으로 경/공매 등등을 하신 레코드를 보고 정말 열심히 공부하시고 발로 뛰어 다니셨구나를 느끼게 되었습니다.

지산뿐만 아니라 부동산에 대한 터프가이님의 인사이트에 놀랐고 취등록세 납부, 신용등급 올리는 법, 대출 한도 등등의 디테일에 또 한 번 놀랐습니다. 개인적으로 청약, 법인, 지산 투자를 경험하여서 나름 열심히 공부하고 투자했다고 생각했으나 터프가이님의 강의를 듣고 아직 한참 멀었구나, 더 열심히 공부하고 투자해야겠다는 반성의 시간을 가졌습니다. 좋은 강의 해주신 터프가이님께 진심으로 감사드립니다.

19. 국내 최초! 코로나 지식산업센터 투자 이렇게 해라!
   (부제 : 지식산업센터 이소룡=터푸가이현님)
   by 우마님 (2020.05.27)

세미나 공지 당일 단 2시간 만에 매진되어 버린 그 인기의 세미나를 앙코르 강의로 들었습니다! 성공했어요!!

처음에 열린 강의를 놓쳐서 너무나 아쉬웠는데 이렇게 또 앙코르 강의까지 준비가 되어서 얼마나 좋았는지 몰라요. 터푸가이 현님은 실전에 강하신 분이시라 벌써 누구나 꿈꾸고 바라는 직장인이지만 또 다른 부수입이 있는, 그것도 부동산으로 부수입이 있으신 분이시거든요.

그 실행력과 지식산업센터 투자의 타이밍을 놓치시지 않는 점을 이야기 해주시는데 직접 체득하신 노하우가 봇물처럼 쏟아져서 과연 이 강의를 해도 괜찮으신 건지……. 생각이 들더라고요.

왜냐하면 투자하신 지역에 대한 개론은 물론 앞으로의 투자 유망 지역 슬쩍~ 흘려주기 은행원도 모르는 대출 신공법 아무도 알려주지 않은 코로나 대비 지식산업센터 투자 방법(대출이자, 지역선정) 실전에는 이렇게! 임차인과 상부상조로 지내는 방법 부동산 시장의 흐름 전망 이렇게 직접 체험하신 것을 탈탈 털어서 주시는데 강의를 들으면서 대단하시다는 생각과 저렇게 알려주셔도 괜찮으신 건지, 라는 생각이 교차했어요. 그만큼 지식산업센터 실전 투자에 대한 실제 이야기를 듣고 싶으신 분들에게는 너무나 좋은 강의였지요. 누가 이렇게까지 알려주겠어요. 자신의 노하우까지요!

20. [터프가이님 월세강의후기] 이분 투자한번 진짜 터프하게 하시네요^^

by 오드리윤님(2020.05.28)

말로만 듣던 그 유명한 터프가이님의 월세 강의를 드디어 듣게 되어 영광이었습니다. 사전에 세밀하게 질문들을 챙기시고 무엇보다 화려하게 준비하신 강의 자료들 너무 욕심이 나네요 ㅎㅎ 내용이야 더할 나위 없이 기대 이상의 꿀팁과 직접 경험하신 생생한 내용들을 퍼부어 주셨구요, 흔히 볼 수 없는 비범한 레이저 포인터와 PPT 슬라이드 전환 기능은 진정 프레젠테이션의 고수만이 사용하는 디테일이 아닐까 합니다. (저도 좀 가르쳐주세요...ㅎㅎ) 무엇보다 남들이 좋다는 물건들을 따라다니는 게 아닌 본인의 분석력으로 직접 조사하고 발품 팔고 판단하여 결과야 어떻든 과감하게 투자하는 모습이 진정 투자계의 터프가이임을 증명해 주었을 뿐만 아니라 그 바쁜 직장생활과 가정생활을 모두 병행하며 어떻게 그런 적극적인 투자가 가능할 수 있는지 제가 직장생활 할 때를 되돌아보며 반성하는 기회가 되었습니다.

'월세를 이만큼 어디서 받고 있다'에서 끝나는 자랑들이 아니라 실제로 어떻게 본인이 그만큼의 월세를 받을 수 있었는지 구체적인 방법론들을 제공해 주신 부분들에서 미처 들어보지 못한 새로운 꿀팁들에 내심 "WOW~"를 연발하며 들었던 강의였습니다. 무엇보다 직장에서 영업을 많이 하셨다는 말에 번지르르한 전형적인 영업맨의 말투를 예상했었는데 의외로 진심이 묻어나는 투박한 말투를 가지셔서 개인적으로 더 큰 신뢰가 느껴졌다는 ㅎㅎ 성공적인 투자를 위한 정보력과 자금력, 실행력을 확보하는 귀중한 경험들을 나눠주셨으니 이제는 제가 직접 실행할 차례네요.

21. [강의 후기] 터푸가이님 x 아투연 아벤져스와 함께 하는 전국구 성수동 강의
by 공감 윤대표님 (2020.07.19)

드디어 저도 아벤져스 3총사분들과 터푸가이님의 강의를 처음 접해보게 되었습니다. 닉네임처럼 외모도 남자다우시고.. 본인도 그걸 아시는지.. 입주할 임차인을 처음 만날 때는 아내분과 아이들을 함께 데리고 가신다고.. 성수지산을 극적으로 급매 물건 잡는 이야기들과.. 대출 활용법.. 그리고 같은 성수라도 입지 분석에 대한 솔직담백한 판단들은 너무 공감되고 열정적이라는 생각이 들었습니다. 저도 관심도 많고 나름 공부도 많이 했다고 생각 했는데.. 앞으로도 터푸가이님처럼 극한치의 노력은 힘들 것 같습니다. 듣기만 해도 숨이 턱 막히더라구요 ㅎ~

22. [강의 후기] 터푸가이님 x 아투연 어벤져스 성수동 강의
by 다다익선님(2020.07.19)

직장인 그리고 새가슴, 이 두 가지 단어로 저의 상황이 정리되는 듯 하네요..ㅠㅜ 그래도 오늘 강의로 용기 많이 얻어갑니다. 어쩌면 터푸가이님의 강의는 정말 제 인생의 전환점이 될지도 모른다는 생각까지 들고 있네요..이제 드디어 터교수님의 강의가 시작되는데.. 정말 이 한 마디로 정리되는 느낌이었습니다. 즉결즉행. 실행력의 차이..그동안 제가 꾸준히 봐왔던 친숙한 경공매 물건을 직접 낙찰 받으셔서 투자수익을 거두신 모습이 정말 새가슴에 그동안 안 되는 핑계만 찾았던 건 아닌가? 다시 생각했습니다. 무언가 하나만 가져가면 그건 훌륭한 강의라고 하신 말씀.. 그간 저의 새가슴 투자 마인드를 돌아보고 적극적으로 발을 담가야겠습니다. 이거 하나면 그 어떤 것보다 큰 것을 얻은 것 같습니다.

23.[강의 후기] 터푸가이님 x 아투연 어벤져스 성수동 강의
by 어젠다님(2020.07.19)

터푸가이님의 강연은 크게 3부로 진행되었죠. 1교시: 분양, 공매, 경매, 지식산업센터 투자까지 터푸가이님이 행했던 온갖 투자 히스토리 + 각 단계에서의 인사이트 공유 시간. 개인적으로 20년 전 아파트 분양 받아본 경험이 있고, 공매와 경매에 기웃(만)거려본 경험이 있어서인지 1교시도 제겐 매우 흥미로웠어요. 2교시: 전반적인 부동산 시장의 트렌드. 커다란 부동산의 흐름 속에서 수익형 부동산 그중에서도 왜 아파트형 공장으로 몰릴 수밖에 없는지에 대해 데이터를 바탕으로 근거 제시. 3교시: 성수동, 지식산업센터가 유망한 이유 및 터푸가이님과 지인분 실투자건 분석을 통한 수익률 공개. 수익률 표 정리한 부분에서 현타 왔습니다. 아, 투자라는 것은 저렇게 현금   흐름을 만들면서 가는 거구나. 줄일 수 있는 비용은 최대한 줄이고 대출로 최대한 레버리지를 써서 수익률을 높이는 거구나…. 유튜브나 팟캐스트, 부동산 책 등 여기 저기서 들어서 알고는 있었지만, 이렇게 가슴에 확 와 닿기는 처음이었고, 이 때문에 사람들이 주말에도 시간을 내어 현장 강의를 듣는구나 싶었습니다.

24. [강의 후기] 터푸가이님 x 아투연 어벤져스 성수동 강의
by 쿨가이님(2020.07.19)

어제 오늘 토지 임장 갔다 와보니 아투연에 터푸가이님 강의 후기가 흥하더군요. 다른 분들 후기와 중복되는 내용은 줄이고 저의 느낌 위주로 적자면, 터푸가이님의 강의는 지속 가능한 투자를 위한 노하우를 공유하고 그 치열한 과정을 공감하는 자리로 생각되네요. 그리고 한 땀 한 땀 작성하신 데이터 중심 자료 또한 중간 중간 위트 있게 구성되어 재미있게 들었습니다. 왜 자본 소득으로 돈을 벌어야 하며, 어떤 방법으로 벌어왔는지, 왜 지식산업센터에 투자해야 하고, 그 중 왜 성수여야 하는지 (마! 지산은 아직 시작도 안했다!!!^^) 같은 주제로 진행되었고, 또한 대출 받는 법, 좋은 신용등급 유지하는 법, 급매 잡는 방법, 중개사들과 좋은 관계 유지하는 법 같은 좌충우돌 직접 체득한 팁도 좋았습니다.

25. 갈까말까 할 때는 가라!(7.24일 성수임장 후기)
by 어젠다님(2020.07.26)

흔히들 '현장에 답이 있다'고 하는데, 저는 이번 임장을 통해 그 뜻을 확실히 이해했습니다. 지난 주 강의를 듣고 성수동 지산 관련해 현재의 트렌드, 투자 방법 등에 대한 감은 잡았지만, 구체적인 그림은 머릿속에 없었는데, 현장에 와서 직접 보고 나서야 비로소 '실전감'이 생겼거든요.

혼자 차를 몰고 와서 동네를 휙 둘러보는 것으로 임장했다고 생각한 적도 있었는데 이건 차원이 달랐습니다. 뭘 봐야하는지, 어떤 물건이 좋은지 아닌지, 이 물건이 저평가된 것인지 아닌지. 물론 매매의 결정은 결국 개인의 몫이겠지만 저처럼 생초보자들에게는 경험 많은 실전 전문가의 조언과 가이드는 등대이자, 실행을 앞당겨주는 고마운 존재가 되어줍니다. 그런 면에서 아투연과 터푸가이님을 만났던 것은 제게 엄청난 행운이었고요. 우연한 기회에 인연이 닿아, 제 인생의 새로운 국면을 맞게 한 아투연, 그리고 터푸가이님! 진심으로 감사드립니다. 이제 겨우 한 발을 떼었을 뿐, 배워야할 것 투성입니다. 앞으로도 잘 부탁드려요.

26. 20년8월1일 - 터프가이님 성수 특강 후기
by 현금흐름님 (2020.08.01)

오늘 그 유명한 터프가이님 강의를 들었습니다. 소문대로 아주

알찬 강의였습니다. 정보가 너무도 너무도 부족한 지산 시장에서 터프가이님처럼 객관적이고, 체계적으로 데이터를 정리하신 분은 아직까지 만나보질 못했습니다. 한마디로 엄지 척척!!! 강력 추천합니다. 그리고 무엇보다도... 다음주 성수 임장이 기대됩니다. 왜 성수가 유망한지, 왜 지식산업센터에 투자해야 하는지... 큰 대세, 판때기, 거시흐름에 대해서 감을 잡을 수 있었습니다. 다음주는 실질, 현장, 미시흐름에 대해서 알 수 있다는 점에서 아주 가성비 최고 갑!!!! 아투연 스텝 모든 분들과 터프가이님 모두 감사드립니다... 다음주에 또 뵙겠습니다. ^^

27. 이소룡도 흐뭇해할 터푸가이님 강의 후기입니다(8월 1일)
by tough10j (2020. 08. 01)

저는 아주 만족했습니다. 개인적으로 여기저기 부동산 강의를 나름 많이 들어봤다고 자부하고 있습니다. 그 중에는 넘보지 못할 재력가도 있었고, 이름만 대면 모르는 사람이 없는 유명하신 분도 있었지요.

하지만 제가 기억에 남는 강의는 "이건 나도 해볼 수 있겠구나" 라고 생각되는 강의였고, 동시에 동기 부여(가슴에 불을 질러주시는)까지 된다면 금상첨화이지요. 터푸가이님의 현 지산에 대한 분석과 본인의 투자 경험 그리고 미래에 대한 예측까지 들을 수 있어서 좋은 시간이었습니다. 그래서 다음 주에 있을 성수동 임장도 무진장 기대가 됩니다.

28. 8월1일 터푸가이님 강의 후기^^ 유명해 지기 전에 빨리 들어야..
by 동짜몽님 (2020. 08. 02)

아투연에서 정규, 세무 강좌를 듣고 바로 신청했습니다. 여기저기서 부동산 강의를 듣거나 책을 보기도 하지만 대부분 원론적인 내용입니다. 아투연의 다른 세미나도 그렇고 터푸가이님의 강좌는 뭐라고 할까요... 즉문즉답? 뭐 그냥 답을 빨리 주십니다. 빙빙 돌려서 이야기 하시지 않습니다. 너무 직접적이라 당혹스럽기도 합니다. 오늘도 집에 와서 다른 지산관련 내용을 몇 개를 찾아봤는데 과거 내용이라 그런지 현재 상황과 다른 설명을 하더군요. 주택이나 상가가 전문 분야이지 지산을 전문적으로 하시는 분들이 많지 않나 생각되고요. 금년만 해도 코로나 때문에 올 초하고 현재는 다른 트렌드라 몇 년 전 내용은 참고가 안 되더군요.

특히 3~4년 전 경험을 토대로 한 내용은 요즘 같이 급변하는 시장과 동떨어진 부분이 많고요 계속해서 법도 개정이 되어서 과거의 자료나 경험은 현재 시점에서는 유명무실하다고 생각되네요. 그런 점에서 터푸가이님의 투자 경험은 본인의 최신 투자 성공사례로 설명해 주시기 때문에 성수동에서 어떤 변화가 일어나고 포인트가 무엇인지 알차게 설명해 주시네요. 내용 부분은 후기라서 자세히 서술하기는 좀 그렇고요 두 가지만 말씀드리자면, 체크해야 될

부분이 수치적으로 나오는 난생 처음 보는 부동산 평가표 보고 깜짝 놀랐네요.

빠른 판단을 위한 "정량분석"은 정말 독보적인 체계가 아닌가요? (저작권 등록이라도 하셔야 되지 않을까요?) 그리고 성수동에 대한 임대 수익에 관한 부분은 개별 물건에 대해 다르게 어떻게 대응해서 수익률을 극대화 하였는가 이 부분이 핵심이 아닌가 생각되네요..^^ 다음주에 진행될 터프가이님의 성수동 임장도 너무 기대 됩니다. 아파트처럼 정리된 정보가 없는데 성수동 지산 구글지도도 유용하고 앞으로도 계속 업데이트가 된다고 하네요. 다음주에 만나 뵙겠습니다. 좋은 세미나 감사드립니다..^^ 주말에도 저희를 위해 수고해 주신 스텝분들께도 감사드려요.

29. 8/1 터푸가이님 강의후기
by 헬로맨 (2020.08.03)

회원여러분들과 함께 터푸가이님의 설명을 들으며 실제로 성수동이 얼마나 뜨거운 플랫폼 위에 있는 시장인지 알게 되었습니다. 터푸가이님이 아무리 잘 설명하셔도 내가 우선적으로 먼저 스터디하고 준비되어야 실제 행동으로 실천할 수 있다는 걸 깨달았습니다.

30. 27회 8월15일 터푸가이님 x 아벤져스 성수동 강의 후기
by 호달님 (2020.08.15)

터푸가이님 투자 경험에서 나오는 내공이 대단했어요. 직장을 그만두고 투자와 법인을 운영하신다고 하니 날로 번창하길 바랍니다. 실전 투자자가 아니라면 얻을 수 없는 많은 정보와 꿀팁을 풀어주셨어요. 무엇보다 현재 투자경험을 카피해서 따라 가면 좋겠어요. ㅎㅎ 운영진의 패기와 실력을 느낄 수 있었던 아투연 첫 수강이었네요.

31. 터푸가이님 성수 특강 후기!!
   by 아투연 김대표 (2020.08.15)

저도 지산계의 강남 "성수" 한번 노려보는 게 괜찮은 것 같네요. 아니 필수적으로 지식산업센터 투자한다면 성수는 하나 가지고 가야하는 것 같습니다 "일찍 장화 신고 들어갔다 구두 신고 나오기 위해" 실제로 여름 장마가 끝나고 난 뒤 부동산 시장은 비수기라고 합니다. 이때 좋은 물건이 나올 때 임장을 꼭 가봐야겠어요 오늘 터푸가이님 강의 감사합니다!!!!!

32. 터푸가이님 강의 후기
   by 제임스님 (2020.08.16)

이론과 실무, 그리고 실행력까지 탁월하신 터푸가이님 강의 잘 들었습니다.   그리고 , 저도 수익률 20%짜리 받고 싶습니다.~ ㅎ 지금 머릿속에 제일 먼저   생각나는 거 하나! " 역세권 + 코너호실 + 인테리어" 잃지 않은 투자, 저수지 이론에 입각한 투자 , 정성적, 정량적 , SWOT에 입각한 투자 , 잘 기억하겠습니다.

33. [터푸가이님 성수 강의 후기] 이 강의 곧 330만원 됩니다!!
by 해피위드님 (2020.08.16)

지산! 우후죽순 생겨나는데 지금 들어갈 타이밍이냐. 고민하시는 분들에게   마냥 투자하라 말하지 않습니다. 데이터를 활용한 분석, 어디를 어떻게 들어가야 하느냐 물고기 잡는 방법을 알려주십니다. 코로나 영향으로 지산 투자 해할 것인가 말 것인가. 위기냐 기회냐. 궁금하시죠?? 터프가이님이 실전을 통해 지금 현재, 바로 오늘 상황을 알려주십니다. 매매 한 건하고 마실거 아니죠?? 이거냐 저거냐 찍어 달라 하지 마시고 매의 눈을 만드세요. 좋은 호실 고르는 법, 임대 맞추는 법, 공실 리스크 관리 방법. 놓칠 수 없는 알짜배기 노하우들이 공개됩니다. 입지 분석을 통해 직주근접 이거다 싶은 물건이 있는데 매매가가 비싼 것 같기도 하고 들어가도 되려나, 애매한가요?? 수익률 분석을 통해 본질을 파악해야 합니다. 평단가, 대출 비율, 이자, 세금, 부대비용 등등 수익률 계산법을 알아야 성투하죠.??? 터프가이님이 싹~다~ 알려 주십니다.

실매매 예시를 통한 즉결즉행 하기위한 급매 노하우. 게다가.... 실전에서 예상치 않게 생기는 문제점들에 대한 상황 대처 방안도 인상 깊었어요. 잔금 당일 대출이 예상보다 안 나왔을 때!!! 아!! 당황하지 말고 어떻게 하셨게~~~요?? 이 모든 것이 망설이시는 사이 마감 돼요! 전 두 번 세 번 듣고 싶어요. 그날 그날 달라지는 현시세에 맞춰 빠르게 동향을 파악해주시는 데다가 실전에서 일어나는 사례들, 너무 재미있었어요. 아재개그 짤들도 지루하지 않는 강의에 한 몫 합니다 ㅋㅋ 아직도 강의 열기로 제 심장이 뜨겁네요. 당장이라도 성수로 달려가고 싶어요.

34. 8/15 터푸가이님 성수동지산강의 후기
by 낙동님(2020.08.16)

혼자서 어떻게 네 시간 동안 강의를 하지? 하는 우려도 잠시! 쉴 새 없이 공개하시는 새로운 노하우에 전날 야근을 했음에도 전혀 졸지 않고 생생하게 습득을 하였습니다. 직접 경험을 하지 않으면 알 수가 없는 기발한 테크닉들, 좋은 입지와 좋은 호실을 고르는 방법, 은행권 대출에 대한 노하우, 공실의 위험을 헷지하는??? 비법, 임차인과 협상하는 비결, 중개업소 사장님과의 좋은 인간관계 형성 등 금쪽같은 내용들이 있었습니다.

35. 터푸가이님의 성수 강의 후기
by 레트로맨님(2020.0 8. 31)

터푸가이님 강의 중간에 이런 부분이 있습니다. 본인이 수강했던 부동산 강좌 목록 보여주시면서 거의 1,000만 원 이상 투자해서 부동산 강연, 책 등 공부 많이 하셨다고...저는 그 정도는 아니지만 그래도 유명하시다는 분들 강의 분야별로 듣다보면, 수강 후 만족의 느낌이 조금 씩 떨어지는 것을 느낍니다. 비슷한 면도 많고, 반복되는 부분도 분야와 관계없이 좀 있고 그렇죠.

뒤늦게 이 분야에 뛰어 들어올 하반기 시작 무렵 지식산업센터 몇 건을 확보하는데 성공하고, 이제 성수동에 대한 관심을 터푸가이님의 강의와 함께 정리해볼 요량으로 수강신청을 했습니다.

저야 이미 지산의 장점을 파악하고 몇 건 매수하고 투자금이 말라갈 때까지 몇 걸음 더 가려는 바로, 왜 지산을 해야 하는지, 거기서도 왜 성수동을 해야 하는지에 대한 망설임은 없었지만, 이 부분에서 확신이 필요하다면 단연코 터푸가이님의 지산 강의가 대한민국 현존하는 강의 중 최고가 아닐까 싶습니다. 특히 실전 Q&A에서 나왔던 여러 가지 팁들, 대출, 명의, 관리, 계약 등등.... 주택 거래를 중심으로 수익형에 첫 걸음을 떼려는 분들에게는 이런 실무적인 경험을 간접적이라도 듣는 게 엄청 중요하거든요.

지산 몇 개 매수해보니 그냥 다 될 것 같지만, 실수한 면도 있고, 미리 좀 더 알았으면 더 매끄럽게 더 비용 안 들이고 진행할 방법들이 있었는데, 이런 부분을 터프가이님은 몸으로 뛰면서 체험한 바를 그대로 공유해주시기에 이 강의가 지산계의 1등 강의로 부족함이 없는 이유입니다.

임장에서는 어떤 인사이트를 얻을 지 이것 또한 궁금합니다. 지산에 대한 이해가 필요하신 분, 한두 건 매수하면서 약간의 경험을 했으나 내 경험보다 더 좋은 방법이 있을지 궁금하신 분은 지체 없이 터푸가이님의 지산강의를 추천 드립니다.

36. 8/29일 터푸가이님 강의후기(천군만마를 얻은기분)
by 문정동님(2020.08.31)

강의를 들으면서 터푸가이님이 현재까지 들어오셨던 부동산 관련 강의 목록을 보여주시고 강의는 1가지 인사이트만 얻어도 훌륭하다는 말씀을 하셨는데 그 부분이 정말 공감이 많이 되었습니다.

저는 이번 강의를 들으면서 사실 인사이트보다는 터푸가이님과 인연을 맺었다는 것이 가장 큰 인사이트라고 생각합니다.

강의를 듣는 가장 중요한 이유는 강사분이 먼저 경험하고 행동했던 부분을 짧은 시간 동안에 엑기스로 뽑아서 받아들일 수 있는 것이 최대 장점인 것 같습니다. 터푸가이님이 여태까지 투자해 오셨던 물건들에 대해서 어떤 식으로 판단하여 투자하였는지, 수익률을 20% 이상까지 올릴 수 있는 다양한 테크닉 레버리지 극대화를 위한 대출스킬 (신용등급 올리는 법, 은행내부등급에 관한 사항) 실제로 경험하지 않았다면 알 수 없는 고급 정보들을 많이 알 수 있었습니다. 강의 시간은 3시간이 넘었지만 준비하신 자료들을 보면 3시간이 어떻게 지나가는지 모를 정도로 강의를 잘하신다는 생각이 들었습니다. 어디서부터 시작해야 될지 모르시는 분, 투자의 시야를 넓히고 싶으신 분들께 터푸가이님 강의 강추드립니다.

○●○

자주묻는 질문 33가지

Q1. 수익형 부동산 너무 달달해 보이네요, 그래서 과감하게 투자에 도전해보려고 하는데 어느 지역이 요즘 뜨고 있나요?

A1. 2030 서울시 도시기본계획을 먼저 한 번 정독해서 보시기를 추천 드립니다. 서울은 3도심, 7광역중심, 12지역중심, 지구중심 등 정부에서 작정(?)을 하고 개발하려는 지역입니다.

소위 뜨고 있는 지역은 성수, 문정, 영등포 이렇게 3군데로 요약할 수 있습니다. 이 중에 대장은 바로 '지식산업센터계의 강남 성수동'입니다. 성수는 2030 서울시 도시기본계획에서도 분명히 '첨단산업 육성을 통한 창조적 지식기반산업 중심지로 계속 개발한다.'고 계획했으며, 특히 수천억 원의 정부지원금 및 사회적 기업의 메카로 떠오르면서 투자자, 실입주 기업 등이 몰려들고 있는 지역입니다.

Q2. 개인적으로 성수SKV1 지식산업센터 같은 곳이 좋아 보이는데 요즘 인기가 너무 많아서 들어갈 자리가 없다고 하더라구요. 직접 가보지 않고는 자리가 있는지 없는지 확인 할 수 있는 방법이 없나요?

A2. 성수동에 SKV1브랜드 건물이 총 3개가 있어서 많이들 혼동하십니다. 성수역 인근 성수역SKV1타워, 뚝섬역 인근 서울숲SKV1, 화양사거리 인근 성수SKV1센터 등 성수동에만 총 3개가 있습니다. 가장 인기가 많은 건물이 바로 성수역 역세권에 위치한 성수역SKV1 타워입니다. 나머지 두 개 건물들도 다 인기가 있습니다. 우선 직접 가보기 전에 부동산에 연락해서, 매물이 있는지 확인해보시고 꼭 임장을 통해서 검증하셔야 합니다. 1군 건설사에서 짓는 SKV1은 브랜드 인지도가 있어서 매매/임차 물건들도 바로 바로 나가고 있습니다.

Q3. 성수 앰코 부지 쪽 화양사거리 인근의 SKV1도 실사용 목적으로 면밀히 살펴보고 있는데요, 지하철과의 먼 거리가 가장 걸립니다. 걸어서 10분 이상이더군요. 장점은 역세권 대비 약간 저렴한 가격과 물류 접근성, 강남 접근성, 대단지 정도로 보입니다. 이곳의 투자 및 사용 목적에 대한 의견이 궁금합니다.

A3. 먼저 투자 목적으로 접근한다면 저는 부동산 투자에서 가장 중요한 점이 바로 첫째도 입지, 둘째도 입지라고 생각합니다. 물론 SKV1센터가 대단지규모, 고급 인테리어, 저렴한 투자비용 등이 장점으로 보일 수 있지만, 입지적으로 분석하면 역세권은 아닙니다. 어린이대공원역에서 도보로 약 13분, 성수역에서는 도보로 약 18분 정도 소요됩니다.

인근 역세권 지식산업센터와 비교해서 평단가 및 매매가를 분석하고 너무 오버슈팅이 된 건 아닌지 꼭 면밀히 분석 후 매수하시기를 추천 드립니다. 한편, 실사용 목적으로 매수하신다면 대단지규모, 고급 인테리어, 저렴한 투자비용 등이 큰 장점인데, 딱 한 가지 걸리는 부분이 있습니다. 바로 역에서 멀기 때문에 직원들이 불편해 할 수 있습니다. 특히 무더운 여름, 비 오는 날, 추운 겨울날은 직원들의 불만이 있을 것 같습니다. 물론 자차로 대부분 출, 퇴근 하신다면 문제는 안 되겠죠.

Q4. 가격이 계속 오르고 있는데 문정 vs 성수 vs 가양 세 군데 중에 어디가 가장 좋을까요?

A4. 즉결즉행(즉시 결단하고 즉시 행동한다) 하시면 됩니다. 해당 지역 임장은 좀 다녀보셨나요? 무조건 현장에 먼저 가보시는걸

추천 드립니다. 그 지역 공인중개사 말도 들어보시고 현재 매매가, 대출가능 금액, 현재 주변 임대료, 등을 알아보시고 수익률은 어떤지, 해당 지역에 호재는 없는지, 찾아보세요. 최근 추세가 어땠는지도 알아보시고요. 최근 지식산업센터는 지식정보산업 중심이기 때문에 인재 유치가 중요합니다. 출퇴근하기에는 어떤지, 주변에 거주할 곳은 마땅한지, 교통망은 잘 되어있는지, 주변 편의시설, 업무 환경, 이런 부분들도 보시고 장단점들을 나열해 보세요. 실행하시면 답은 보이게 되어 있습니다.

Q5. 지금 성수나 문정 들어가면, 더 오를까요? 수익률을 보느냐, 아니면 시세차익을 보느냐인데.. 책 읽어보고 강의 들으면, 아직 지식산업센터는 수익률이라고 하셔서 고민이 많이 됩니다. 지금이라도 성수나 문정 들어가면 시세차익 조금 더 노릴 수 있을까요?

A5. 지식산업센터는 차익형보다 수익형부동산으로 보시는 것이 맞습니다. 또한 다른 부동산 대비 차익형&수익형 둘 다 얻을 수 있는 장점을 가지고 있습니다. 문정 같은 경우 지산이 더 늘어나지 않아서 희소가치가 있습니다. 그리고 경전철 노선이 지나가는 효과도 있지요. 성수동도 나름 장점이 있지만.. 영등포도 눈여겨 볼만합니다. 올해 입주 예정인 지식산업센터가 주변 시세보다

저렴하게 거래되고 있는 걸로 알고 있습니다. 시세 차익과 수익률을 동시에 같이 볼 수 있는 곳을 찾아보세요. 주변에서 최초로 지산이 생기는 곳을 찾아보시면 될 것 같습니다!

Q6. 인터넷에서 지식산업센터에 대한 정보를 찾던 중 서울숲 인근에 들어설 "성수 AK밸리"가 눈에 띄었습니다. 역세권에다 주변 환경이 일단 마음에 드는군요. 하지만 주위에 지식산업센터가 밀집되어 있지 않으니 시장성이 있는지 싶기도 하구요. 괜찮은가요?

A6. 성수동에 AK밸리는 총 2개가 있습니다. 뚝섬역 인근 AK밸리 1차, 성수역 인근 AK밸리 2차가 있습니다. 질문하신 서울숲 인근은 정확히 말씀드리면 성수역 연무장길에 있는 AK밸리 2차입니다. 성수동에서 가장 핫한 거리가 바로 대림창고로 유명해진 연무장길입니다.

AK밸리 2차는 핫한 연무장길 바로 옆에 있는 지식산업센터로 실입주 및 투자자들이 선호하는 입지에 있습니다. 성수동은 강남에서 비싼 임대료를 피해 넘어오는 수요, IT기업, 사회적 기업, 동대문에서 넘어오는 제조업 수요, 기존 성수동 제조업 수요 등 기업 수요가 넘치는 곳입니다. 한 마디로 좀 잘나간다 싶으면 강남이 아닌, 성수동으로 몰려들고 있는 추세입니다.

Q7. 성수동SKV1타워가 성수역과 뚝섬 쪽으로 나뉘어 있잖아요. 성수동SKV1타워를 엄밀히 나누면 서울숲이랑 성수역, 이렇게 나누는 것으로 알고 있는데 제가 궁금한 부분이 있어서 이렇게 글을 써봅니다. 성수동SKV1타워 두 곳 중에서 각 타워별로 주력 산업군이 어디인지 궁금합니다. 제조업 우선인지 아니면 IT기업 우선인지 해서요. 지식산업센터 컨셉이 다 나뉘어 있는 걸로 알고 있는데 성수동 SKV1타워 두 곳 같은 경우 어떤지 궁금합니다.

A7. 성수역 인근 성수역skv1타워 지상층은 온라인마케팅기업, 디자인, 세무회계사무소 등이 주로 입주해 있고 지하 1층부터 지하 5층까지는 인쇄, 전자, 스튜디오, 텍스타일 업체 등이 입주해 있습니다. 뚝섬역 인근 서울숲SKV1은 미디어, 스튜디오, 온라인마케팅, 무역회사 등이 입주해 있습니다. SKV1은 브랜드 인지도도 높아서 많은 임차인들이 선호하는 지식산업센터 브랜드로 보시면 됩니다.

Q8. 서울숲이 환경은 좋은 것 같은데 그쪽에 수요가 많이 있나요?

A8. 네. 서울숲 쪽은 뉴욕의 센트럴파크처럼 서울숲이라는 약 35만평의 거대한 숲이 있어서, 많은 사람들이 좋아합니다. 또한

트리마제, 아크로 포레스트, 갤러리아 포레 등 고급 아파트 주거단지가 있어서 주변 환경이 좋아 많은 실수요자분들이 좋아하는 입지인데, 수요대비 공급물량이 워낙 부족해서 서울숲 앞에 있는 소형평수는 이미 평당 2,000만 원대입니다. 서울숲 인근에 급매가 저렴하게 나오면 이게 바로 블루칩으로 보시면 됩니다.

Q9. 성수 지식산업센터 분양가가 많이 비싼 편인가요? 다른 지역보다 지식산업센터로 코어에 해당하는 곳이 성수동쪽 아닌가요? 그래서 그런지 성수 지식산업센터 분양가가 갈수록 비싸지는 것 같더라고요. 점점 지식산업센터 공급이 많아지고 있는데도 성수 지식산업센터 분양가는 별 영향을 받지 않는가보죠? 앞으로 또 공급될 성수 지식산업센터가 또 있나요? 그렇다면 분양가는 어떻게 형성될까요?

A9. 2020년 기준으로 성수동 지식산업센터 평균 분양가는 평당 1,400만 원대이며, 서울 기타지역 평균 분양가는 950만 원대로 서울 기타지역 대비 높은 편이나, 성수동 역세권 기준 평균 매매가가 평당 1,600~1,700만 원대임을 감안하면 분양가는 저렴하게 보입니다.

또한 분양가도 2014년부터 평단가가 매년 약 100만 원대 이상씩 계속해서 상승하고 있는 추세입니다.성수동 지식산업센터 중

코어에 해당되는 곳은 성수역 인근으로 특히 성수역 SKV1타워 인근입니다. 성수역은 성수동 핫플레이스가 많이 형성되어 있는 연무장길 인근이고, 20~30대 젊은 층들이 선호하는 입지라서 많은 스타트업 회사들이 성수역 인근을 좋아합니다.

성수동은 2020년 10월 ~ 2022년 12월까지 약 6개의 지식산업센터가 준공중이며, 이미 분양은 끝난 상황입니다. 성수동은 수요대비 공급이 부족하기 때문에 최근에는 분양 시 시행사, 시공사, 분양사 관계자들, 부동산중개인 관계자 등이 먼저 선점하고 있어서 일반 물량은 많지 않습니다. 앞으로 성수동 역세권에 지어질 지식산업센터는 모델하우스가 필요 없을 정도로 상당한 인기가 지속될 것으로 전망합니다. 이렇게 전망하는 가장 큰 이유는 5년 후 마무리 될 영동대로 현대글로벌비즈니스센터(GBC센터) 때문입니다. 성수동 지식산업센터는 이제 시작입니다. 자세한 내용은 책 속의 GBC센터 관련내용을 참고 바랍니다.

Q10. 성수 지식산업센터 투자 방법이 다른 지역의 지식산업센터와 방식이 다를 수도 있을 것 같은데요. 사실 모든 지역들마다 산업 직종이나 입지 조건, 역세권인지의 여부에 따라서 투자방법이 달라진다고 들었는데 성수 지식산업센터 투자 방법은 어떻게 다르다고 할 수 있나요? 특히 성수 지역은 지식산업센터이 오래전부터 있어왔기 때문에 워낙 많은 지식산업센터이 있잖아요. 성수 지식산업센터 투자 방법이 궁금합니다.

A10. 지식산업센터 투자 시 가장 중요한 점은 도보 10분 이내의 역세권 여부입니다. 아무리 성수동이라고 해도 역세권에서 많이 멀거나 오래된 구축 건물은 공실이 있습니다.

투자 측면에서 성수동을 접근하시면, 서울지역 내 경쟁 입지인 문정, 영등포보다는 더 매력적입니다. 왜냐하면 문정, 영등포보다는 역세권 일반매매 및 분양 물량이 조금이나마 더 있기 때문입니다. 성수동은 역에서 10분 이내 거리면 공실 위험이 크지 않아서 대부분의 입지가 투자하시기에 괜찮습니다. 다만, 한 가지 문제점은 급매건, 전매건 매매 물량이 없다는 게 문제죠.

Q11. 스타벅스가 들어가는 건물에는 건물가격이 상승한다고 하는데 SKV1이 더 오를까요?

A11. "잘 모르겠을 때 스타벅스 상권을 따라가면 실패는 하지 않는다." 라는 말이 있습니다. 성수 SKV1 Center 에서 스타벅스 오픈을 앞두고 있네요. 입주자로서 반가운 일이긴 하지만, 지금과 같은 흉흉한 시기에 기존 스타벅스의 기능을 제대로 할 수 있을까하는 의문과 함께, 대기업 프렌차이즈들은 어떤 마케팅 전략을 구사할지 기대(?)가 되기도 합니다.

지산뿐만 아니라 부동산에 관심이 많은 투자자로서 패러다임의 변화를 특히 예의주시하며 움직여야 할 것 같습니다만, 스타벅스는 2030 직장인들이 가장 선호하는 커피 전문점이기 때문에 건물가격에는 호재로 봐도 됩니다. 연예인들이 본인 건물에 스타벅스를 어떻게 해서든 임차시키는 이유가 바로 건물의 가치를 올릴 수 있기 때문입니다.

Q12. 최근, 성수가 핫해지면서 성장 중이라고 합니다. 서울권 지식산업센터는 문정동이 가장 트렌드를 앞서고 있고 그 뒤를 성수가 또 그 뒤를 영등포가 따르고 있다고 보고 있습니다. 수익률이 안 나오는 상황에서 더 오를까? 라는 생각이 들었을 때 문정이 치고 나가면서 2000을 찍은 것을 보았습니다. 성수도 2000 정도 가능할까요?

A12. 서울숲 앞에 소형평수는 이미 평당 2,000만 원대입니다. 하수는 과거 가격에만 집착하는데, 고수는 향후 미래가치를 보고 투자합니다. 수요와 공급, 교통 호재, 정부지원사업, 2030 트렌드, 고급 주거단지 조성, 우수한 생활환경 인프라 등 종합적으로 고려한다면, 평당 2,000만 원 이상도 충분히 가능하다고 전망합니다.

Q13. 성수동에 오래된 공장 건물을 이용한 특색 있는 카페나 맥주 집들이 들어서고 있습니다. 홍대나 합정에서 임대료가 올라 많이들 성수로 넘어오고 있다는데요. 영등포 개발도 한참이지만 그래도 강남에 인접해 있는 성수를 뛰어 넘기가 쉽지는 않겠네요. 성수, 전망이 좋습니까?

A13. 제 지인 중에도 홍대나 합정에서 가게를 운영하면서 나름 성공해서 성수동에 똑같은 컨셉의 스시 바를 런칭했습니다. 질문하신대로 성수동은 홍대, 합정, 익선동 등 맛집이나 핫플레이스로 성공하면 모이는 곳입니다. 성수는 한마디로 '지식산업센터계의 강남'입니다. 다른 곳을 폄하하는 것이 아니지만 문정, 구로 가산쪽 지식산업센터는 평일야간, 공휴일, 주말에는 사람들이 거의 다니지 않지만, 성수동은 지식산업센터 인근에 핫플레이스 유명한 곳들이 많아 평일야간, 공휴일, 주말에도 유동객들이 넘쳐나고 동네 구경만 해도 재미있는 곳입니다.

사람이 흐르는 곳에 돈이 흐릅니다. 사람이 흐르는 곳을 꼭 유념해서 관찰하시면 투자 유망 지역이 보입니다. 이 말씀은 꼭 드리고 싶네요. 클라스는 다르다!

Q14. 상가 vs 지식산업센터, 같은 가격이면 어떤 게 더 훌륭할까요?

A14. 수익률은 지식산업센터가 압도적입니다. 수익률은 조건에 따라 천차만별이지만 일반적으로 상가보다는 지식산업센터가 훨씬 높다고 말씀드릴 수 있습니다. 성수 임장 참여해보세요!

Q15. 성수동 지식산업센터 지원시설이 뭐가 있을까요?

A15. 지원시설은 독점이라 인원만 확보되면 경쟁도 없고 아쉬울 것이 없습니다. 대표적인 지원시설로는 구내식당, 헬스장 등이 있습니다. 특히, 상가 중 1층 편의점 자리는 거의 대부분이 독점이라서, 유동객이 많고 대로변에 있는 지식산업센터 1층 편의점 자리는 A급 편의점 자리입니다.

Q16. '올해 집값 가장 많이 올린 곳'이라는 네이버 포스팅을 읽었는데 읽다가 보니 지식산업센터는 어디가 가장 많이 올랐을지 궁금해서요

A16. 지식산업센터는 시세차익으로 접근하는 것이 아니라 실

제 실수요를 위주로 접근을 하는 것이 맞습니다. 그렇다보니 가능한 지식산업센터에서 중요한 역할을 하는 주변 수요를 꼭 확인해보시면 성수, 문정, 영등포가 가장 많이 올랐다고 할 수 있습니다. 아파트값만큼은 아니지만 그래도 쑥쑥 올라가고 있습니다.

Q17. 지하(B1 또는 B2)에 창고 용도로 나와 있는 지산에 대한 투자를 고려할 때 어떤 점을 유의해야 하나요?

A17. 지하창고의 경우, 다른 부동산과 마찬가지로 주변 입주량을 보아야합니다. 주변에 창고를 필요로 하는 수요가 있다는 판단 하에 나랑 경쟁할 수 있는 창고가 얼마나 있는지 체크를 하고 이에 대해서 앞으로 입주량은 또 얼마나 있는지 확인하셔야 정확한 감이 올 것이라 생각합니다. 추가로, 작년에 4평짜리 창고 경매, 최저가로 입찰했다가 떨어졌습니다. 요새 생각보다 실입주자들도 창고를 찾는 수요들이 많고 실제로 입주해서 쓰다보면 창고가 필요한 경우가 많이 있어 꼭 필요한 시설이라 생각합니다. 10평 이상인 것을 꼭 찾으시고, 주변 시세도 한번 알아보세요. 구로는 평당 2만 원, 성수는 평당 3만 원 정도의 시세입니다.

또, 당연히 보셔야 되는 것은 공급과 수요입니다. 공급량이 없는 곳에는 당연히 월세가가 높게 설정이 됩니다. 지식산업센터 사무실이든 창고든 주변 반경 4km안에 지식산업센터 공급량을 꼭 확인하시고 투자하셔야 합니다. 그리고 앞으로의 개발 호재들이 남아있다면 상승가치 여력이 있는지도 파악하세요. 어찌됐든 월세 받는 게 목표니까요. 성수동은 기존 제조업 수요, 햇빛을 보면 안 되는 의류, 비에 젖으면 안 되는 출판인쇄물 등 지하호실에 꼭 들어가야만 하는 수요층도 탄탄합니다. 서울 타 지역보다는 성수동은 지하를 찾는 수요층이 많아 지하 호실들도 임대료 수익률이 괜찮습니다.

Q18. 주택대출규제로 생각보다 빠르게 투자자들이 성수동 지산으로 모여들고 있다고 하던데 성수동 왜 핫한가요? 실시간으로 매물들이 거래되고 20억대 물건들도 금방 금방 빠진다는 걸 듣고 너무 놀라서 관심이 생겼습니다!

A18. 성수동은 지식산업센터계의 대장주, 강남입니다. 아파트와 비슷한 현상이 일어나고 있습니다. 똘똘한 한 채가 유행이었는데, 지식산업센터도 마찬가지로 똘똘한 한 호실을 소유하려는 실수요자 및 투자자들이 전국에서 몰려들고 있습니다. 성수동은 전국구입니다. 서울 경쟁자만 보면 안 되고, 전국에서 눈독을 들이고 있는 지역입니다. 최근에 해외에서 오신 어떤 대표님은 층 전체를 대출 없이 매입했다고 합니다.

Q19. 실사용 목적으로 보고 있는데 제가 업무를 하기에 성수 쪽이 가장 좋을까요? 만약 실사용을 안했을 때의 시세차익 환금성 및 임대 수익 가치도 궁금합니다!

A19. 성수동은 특히 실사용이 목적이신 분께 적극 추천 드립니다.서울 동서남북 중 가장 정중앙에 위치한 입지 때문에 직원들 출퇴근, 고객 방문 등 편리한 교통이 가장 큰 장점입니다. 투자처로서 본다면 꾸준히 임대료 및 매매가가 상승하는 지역이 성수동입니다. 왜냐하면 지식산업센터도 결국 땅값이 오르기 때문에 매매가가 같이 상승합니다. 성수동의 2020년 공시지가 상승률은 2위 강남을 제치고 전국 1위입니다. 그만큼 뜨거운 지역이 성수동입니다. 실수요층이 많아서 임대수익 가치도 좋습니다. 환금성은 결국 내가 팔고자 하는 시기와 팔고자 하는 가격에 사줄 수 있는 수요층이 많이 있느냐가 중요합니다. 제가 책 속에서 설명드린, 저수지 이론처럼 위기가 오더라도 서울 핵심지 + 역세권 + 인테리어가 좋은 물건은 환금성이 우수합니다.

Q20. 디테크타워(과천) vs 성수동 지산 둘 중에 구매하려고 하는데 어떤 것이 나을까요?

A20. 과천은 주거지 성격이 강하고 디테크타워 인근 인프라가 없어서 고생을 많이 할 것 같습니다. 실입주 기업도 우량기업 위주로 받겠다고 하는 상황이라 입주도 쉽지 않을 것 같고요. 과천이 상업지구가 아니긴 하지만 전매나 단기간 시세차익이 목적이라면 과천도 경쟁력은 있을 것 같습니다. 하지만 문정지구처럼 완성이 되려면 상당히 오랜 시간이 걸릴 것으로 예상됩니다. 문정도 생각보다 시간이 걸렸던 걸로 알고 있습니다. 광명역 ktx역사부근이 개발 호재가 많다보니 가격도 계속 오르고 분양권은 피가 많이 붙고 있지만 막상 가보면 공실도 많고 임대료도 낮은 편입니다. 과천도 초기에는 이렇게 흘러가지 않을까 생각합니다. 마지막으로 성수보다 나을 것인가라는 질문에 대해서는 성수가 임대 목적으로 훨씬 낫다고 답변 드리고 싶습니다. 역으로 제가 이렇게 질문을 드리고 싶습니다. 현재도 블루칩, 미래도 블루칩인 성수동을 살 것인가? 미래에 블루칩으로 유망해 보이는 과천을 살 것인가?

Q21. 성수 구축은 얼마 정도가 괜찮을까요?

A21. 현재 구축(5년 이내)도 역세권은 평당 1,600만 원 정도 나옵니다. 그리고 역세권 급매가 나오면 1주일 안에 대부분 나간다고 보시면 됩니다.

Q22. 성수동 임장을 돌아다닐 때 알아두면 좋은 꿀팁 있을까요?

A22. 계약금을 먼저 쏘는 자가 미인(지식산업센터)을 얻는다고 느꼈습니다. 성수동도 주택 대출 규제로 인해 계속해서 지식산업센터로 투자자가 몰려오고 있는 상황이고 더 이상 지식산업센터를 지을 땅이 없어지고 있습니다. 또한 임장 전 전체적인 큰 그림을 보는 게 중요합니다. 네이버 지도, 다음 지도, 구글 지도 등을 통해서 성수역, 뚝섬역, 서울숲이 어느 입지에 있는지 파악하는 게 중요합니다. 또한 한 가지 꿀팁을 드리자면, 저는 임장 시 꼭 지식산업센터 옥상에 올라가서 주변 지역을 위에서 한 눈에 내려다보곤 합니다. 밑에서 보면 안보이던 것도 위에서 내려다보면 보일 때가 있습니다. 부동산은 나무를 보지 말고 큰 숲을 봐야합니다. 꼭 옥상에 올라가보세요!

Q23. 지식산업센터 요즘 트렌드가 어떤가요?

A23. 요즘에는 한 층을 통으로 본사 사옥으로 쓰는 기업들이 점점 늘어나고 있는 추세입니다. 물건을 볼 줄 아는 눈이 있어야 급매 기회를 잡을 수 있겠지만요. 항상 강력 추천 드리고 있는 코너 호실 또는 통으로 몇 개의 호실을 사게 되면, 회사 사옥처럼 한 층을 꾸밀 수 있습니다. 그렇게 되면 손님들이나 고객들이 방문했을 때 압도적인 회사 비주얼이 연출 가능한 것이죠. 복도 및 공용 공간부터 서비스 공간까지 무료로, 전층 모두 사용 가능합니다. 즉, 사용하고 있는 실평수 대비 임대료가 완전히 절감 가능하다는 뜻이죠. 이렇기 때문에 본사 사옥이 필요한 회사들이 최근 이렇게 층을 사버리는 경우가 많습니다. 또 이 뿐만 아니라 추후에 매매가도 높게 받을 수 있죠.

Q24. 성수동이 투자자들에게 인기가 많아지고 있는 이유가 있나요?

A24. 미국의 브루클린처럼 과거, 현재, 미래를 한 눈에 볼 수 있는 곳이 성수동이라고 합니다. 일반 투자자 또는 내가 좋아하는 곳보다 부자들이 좋아할 만한 곳, 부자들이 좋아하는 곳을 미리 선점하는 게 진짜 전문가이며 똑똑한 투자자라고 할 수 있습니다.

부동산에서 투자자들이 모이는 곳은 미래가치가 높아 보이는 곳에 주로 모입니다. 근시안적인 내 시각으로 판단하면 안 되고, 부자들의 시각으로 판단해야 합니다. '왜 부자들이 집중하고 좋아하는가?'를 고민해야 합니다.

Q25. 성수동 코너 호실의 장점이 뭔가요?

A25. 코너 호실은 서비스 면적이 넓고, 뷰가 좋고, 코너 라인에 짐, 장식품, 꽃 등을 놓고 자기 공간처럼 사용 가능하다는 것이 큰 장점입니다.

Q26. 성수동 인테리어는 어떤 것이 좋을까요?

A26. 인테리어는 임차인 입장에서 봤을 때 호불호가 강하게 갈릴 수 있지만, 성수동은 패션업체, 온오프라인 유통업체, 동대문에서 넘어오시는 업체 등 임차인 수요가 풍부해서 구분 인테리어와 같은 인테리어가 미리 세팅되어 있을 시 혹은 인테리어가 가능할 시 서로 들어오려는 수요가 커집니다. 신규 분양 받으시고 인테리어 하실 때 임차 수요와 어떤 분야의 임차인 회사들이

들어오는지 미리 사전조사가 필요하다는 점! 꼭 기억하시면 좋겠습니다.

Q27. 핫성수에서 대성하고 싶습니다. 꿀팁 공유 부탁드립니다.

A27. 향후 전망을 보았을 때 성수는 정말 핫한 곳이라고 생각됩니다. 정부 입장에서도 정치적으로 결국 주택에 대한 대출규제는 유지할 수밖에 없다고 하는데요. 돈은 움직이는 생물이기에 더 수익률이 좋은 곳으로 모이게 되기 마련입니다. 결국 대출이 잘 나오고 수익률이 우수한 지식산업센터로 투자자(유동성)가 모이게 되는 것이지요. 큰 그림을 잘 볼 줄 아는 것이 가장 중요합니다. 거대한 유동성의 길목에 잘 서있으십시오. 가격은 유동성이 만들어 줄 것입니다. 가장 중요한 꿀팁은 즉결즉행! 아시죠? 한 마디로 정리하면, 저금리 + 수천조 원의 풍부한 유동성 + 화폐가치 하락 + 수급 불일치가 결국 거대한 유동성입니다. 위 4가지 꼭 암기하세요!

Q28. 성수동 임장을 다녀왔는데 자꾸 비교하게 됩니다. 여기는 뷰가 아쉬워서,,,조금만 더 크게 빠졌으면 좋았을 텐데,,,이렇게 자꾸 핑계만 대면서 망설이게 되네요. 할까 말까할 때는 해야 하는 걸까요?

A28. 훌륭한 농부는 '좋은 밭을 알아보고, 핑계 대지 않고 주어진 일을 묵묵히 하는 사람이다.' 라는 말이 있습니다. 망설이다가 뺏겨 버리면 그만큼 아쉬운 일이 있을까요. 대한민국에서 핑계로 성공한 사람은 김건모뿐이라는 사실을 잘 기억하시고 마음을 정리하시기 바랍니다.

Q29. 1년 전 터푸가이님께서 성수동에 투자하면서, 성수동은 곧 신축이 평단가 1,700 이상 찍을 것이라고 했을 때 부동산 중개인들이 비웃었다고 합니다. 앞으로의 전망은 어떤가요? 발전이 있나요?

A29. 네, 성수동은 앞으로 1~2년 안에 평단가 2,000만 원 이상 찍을 것으로 보입니다. 지식산업센터는 아직 시작도 안 했으므로 쓸데없는 걱정은 하지 말고 씨만 잘 뿌려 놓으면 될 것 같습니다. 하수는 잡초를 보고, 중수는 작물을 보고, 고수는 흙을 알아보니까요.

Q30. 지방쪽 제조업들이 차례로 폐업하고 있다네요. 코로나로 무역에 타격이 워낙 커서 관련 기업들의 아래에서부터 무너져 내리는데... 이제 시작이라서 앞으로 더 큰 파도가 어떻게 덮쳐올지 감도 안 옵니다. 지산에도 영향이 없을 수가 없을 것 같은데 걱정이 크네요. 괜찮나요?

A30. 맞는 말씀입니다만 지산의 80%는 사무실이나 IT 유통 기업입니다. 제조가 무너지면 기존 빌딩에 사무실을 가지고 계신 분들이 월세 감당이 어려워 오히려 지산으로 올거라 생각합니다. 이미 강남 임차인들이 구로나 성수로 옮겨가고 있는 것과 같은 것입니다.

Q31. 규제의 연속, 어디에 투자하는 것이 좋을까요?

A31. 더 늦기 전에 이제는 '수익형 부동산의 꽃 지식산업센터'에 투자해야 살아남을 수 있습니다. 난세에 영웅이 탄생합니다. 가치 투자 꼭 잊지 마세요!

Q32. 코로나 때문에 피해가 이만저만이 아닌데 지식산업센터에 투자하는 것이 괜찮을지 고민입니다.

A32. 이럴 때일수록 지역의 최초로 분양하는 건물인지, 대형 크기의 건물인지, 그리고 입주량을 계산하고 들어가는 것이 필요합니다. 지산은 경제 걱정을 크게 할 필요는 없습니다. 요즘 무너지고 있는 공장들은 대다수 단독 운영이며 큰 평수입니다. 매입시 대출도 지산보다 적게 나올 것이고요. 지금처럼 실물경제

가 박살난 상황에서는 그런 큰 공장들을 매입해서 운영할 사람이 별로 없으니까요. 그런데 지산은 입맛에 따라 큰 평수, 작은 평수 고를 수 있고 비용은 단독 공장에 비교도 안 되게 적습니다. 이렇게 경제가 어려워질수록 결국 아파트와 마찬가지로 수도권 지산의 가치가 올라갈 것으로 보입니다. 수요와 공급 측면에서만 봐도 서울 전체 오피스 총 면적은 약 5,000만 제곱미터(1500만평), 지식산업센터는 약 1,000만 제곱미터(300만평)로 전체 오피스 면적의 약 20%입니다. 서울내 지식산업센터는 앞으로 2022년까지 3년 동안 총 300만 제곱미터(90만평) 정도만 공급 될 예정이니, 총 오피스 규모로 볼 때 지식산업센터 공급 면적은 적은 면적으로 볼 수 있습니다.

Q33. 기습 부동산 주택 규제가 발표되기도 하고 이런 불경기에도 투자 전망이 좋은가요?

A33. 제조업 상황이 안 좋을수록 제조업체들은 또 다른 변화를 계획하게 됩니다. 한 회사의 대표라면 오랫동안 꾸리고 버텨왔던 회사를 쉽게 버리지 못하죠. 그래서 근로 환경을 바꾸는 시도도 하게 되고 기존 업종을 관련 업종으로 바꾸는 등 다양한 변화를 꾀하기도 합니다. 또 궁극적으로 제조업체가 어렵다고는 하지

만 그간 축적해 온 자본력이 생각보다 훨씬 강합니다. 그래서 어찌 보면 이러한 불경기가 제조업에는 변화의 적기라고 판단하셔도 될 듯합니다. 경기가 안 좋을수록 깨어있는 분들에게는 기회가 될 수 있습니다. 불경기라고 해도 4차 산업의 큰 물결, 1인 기업 창업, 언택트형 IT기업 등의 실수요는 꾸준히 증가하고 있습니다. 이 실수요층들은 비싼 임대료, 비싼 관리비, 불편한 주차, 부족한 편의시설이 있는 일반 오피스 빌딩보다 지식산업센터를 더 선호합니다.

IMF이후 단 1분이라도 위기가 아니라고 할 수 있는 시기가 없는 것 같습니다. IMF, 2008년 경제위기에도 누군가는 투자를 하고 사업을 해서 수익을 냈습니다. 겁이 많은 사람들은 투자에 맞지 않습니다. 목표를 위한 어떤 변화에 대해서 두려워하고 생각만 하면 아무것도 바뀌지 않습니다. 리스크 없는 투자는 없습니다. 단, 리스크가 내가 감당할 수 있는 리스크인지 본인이 잘 판단하셔서 성공적인 투자하시기를 진심으로 응원합니다.

○●○

교토삼굴
(교활한 토끼는 굴을 세 개 파 놓는다)

　　최근 직장인들 가운데 떠오르는 관심사는 '투잡'인 것 같다. 그만큼 뭔가 불안감을 내포하고 있다. 나는 직장을 다니면서 파티룸 프랜차이즈 본사 창업, 부동산 투자, 부동산 강의 등 열심히 달리다 보니 세 개의 굴을 판 뒤 퇴사를 결정하게 됐다. 앞으로는 예전부터 관심을 가지고 있었던 사회적 기업 창업을 시도하려고 한다. 물론 부동산을 기반으로 한 사회적 기업에 도전 할 것이다.

> 매월 일정하게 100만원씩 들어오는 돈이 한번에
> 1,000만원 들어오는 돈보다 훨씬 힘이 크다.
>
> - 돈의 속성(김승호) -

　　우리는 현재 자본주의 시스템 안에서 살아가고 있다. 연 물가 상승률이 약 3% 수준으로 매년 상승한다고 가정했을 때, 1억원의 화폐가치는 다음과 같이 하락한다.

1년 후→ 9,700만원
3년 후 → 9.100만원
5년 후 → 8.500만원
10년 후 → 7.000만원

만약 현금 1억원을 그냥 은행 통장에 넣어두면 10년 후에는 1억원의 가치가 아니라 약 7천만원의 화폐가치가 된다. 현금을 그냥 들고 있으면 매년 인플레이션으로 인해 화폐가치는 하락한다. 이러한 자본주의 시스템을 이해하지 못하면 투자하기 쉽지 않다.

부동산은 특히 대체재가 없기 때문에 무한정 찍어낼 수 있는 다른 상품과 달리 유한한 상품이다. 다른 공산품과 같은 잣대로 비교하는 건 처음부터 잘못된 것이다. 돈, 주식, 채권, 파생상품, 생필품 등은 계속해서 만들어 낼 수 있지만 부동산(땅)은 유한한 상품이다. 매년 자장면 값을 비롯해 대부분의 생필품 가격은 오른다.

매년 인건비, 원자재 등의 가격은 오르는데 땅값은 오르면 안된다는 논리는 모순이다. 이 책을 통해 방향성을 잘 설정하고 성공적인 투자하시기를 진심으로 응원한다. 마지막으로 이 책에 포함되지 않은 내용으로 코로나19가 부동산 및 지식산업센터에 미치는 영향, 지식산업센터 내 떠오르는 블루칩 1인 공유 오피스, 지식산업센터에서 파티룸

하기, 임차인이 선호하는 지식산업센터 디자인의 변화 등 여기서 다루지 못한 많은 내용들이 있다. 한 번에 방대한 내용들을 모두 다루기는 어려워 다음에 기회가 된다면 다시 한번 독자들과 공유할 수 있기를 기대한다.

- 성수동에서

터푸가이 윤영현드림

성수동 지식산업센터로
1년 만에 월세 600만원 받기

초판 1쇄 인쇄 | 2021년 4월 30일
초판 1쇄 발행 | 2021년 4월 30일
지은이 | 윤영현
편집 기획 | 장영광
디자인 | 장찬주, 배주현
발행처 | 청춘미디어
출판등록 | 제2014년 7월 24일, 제2014-02호
전화 | 010) 9633-1751
팩스 | 02) 6918-4190
메일 | stevenjangs@gmail.com

ISBN 979-11-87654-82-7
책값 13,900원 (만삼천 구백 원)